情商无敌
——克服人性的弱点

How to
Win Friends and
Influence People

（美）戴尔·卡耐基 著

关崇霖 译

时代出版传媒股份有限公司
安徽文艺出版社

图书在版编目（CIP）数据

情商无敌：克服人性的弱点/（美）戴尔·卡耐基著；关崇霖
译.—合肥：安徽文艺出版社，2012.10
（理想图文藏书·卡耐基作品）
ISBN 978-7-5396-4089-1

Ⅰ.①情… Ⅱ.①戴… ②关… Ⅲ.①心理交往－通俗读物
Ⅳ.①C912.1-49

中国版本图书馆CIP数据核字（2012）第200444号

出 版 人：朱寒冬
丛书统筹：岑 杰 策 划：千喜鹤文化
责任编辑：岑 杰 特约编辑：张秀琴
图片解说：大雅堂 装帧设计：视觉共振工作室

出版发行：时代出版传媒股份有限公司 www.press-mart.com
安徽文艺出版社 www.awpub.com
地 址：合肥市翡翠路1118号 邮政编码：230071
营 销 部：（0551）3533889
印 制：天津海德伟业印务有限公司 电话：022-29937888

开本：889×1194 1/32 印张：9.75 字数：220千字
版次：2013年1月第1版 2021年5月第2次印刷
定价：35.00元

译者序 善于学习，勇于实践，尔后不断进步

学习是人类认识自然、认识社会、不断完善和发展自我的必由之路，是我们再熟悉不过的名词了。21世纪提倡的是终身学习。终身学习主要是指社会成员为适应社会发展和实现个体发展的需要，贯穿其一生的持续的学习过程，其目标为"学会求知，学会做事，学会共处，学会做人"，也被誉为21世纪教育的四大支柱。

戴尔·卡耐基早在上世纪初就已经开始研究成人教育问题，被誉为"美国现代成人教育之父"。他认为，成人教育不仅仅是指学到科学知识的教育，更应该涵盖对人们创造美好生活的能力的培养。成人教育应该是一门社会关系学方面的学问，应帮助成人更好地学习和生活，这也正是现代终身教育理念的本质所在。时至今日，卡耐基的的教育理念和人生智慧并没有被时代所抛弃，反而与"终身教育"的理念不谋而合，愈加显得深刻和实用，对于当代努力拼搏的年轻一代也更具有指导意义。

关于"学会求知"，卡耐基认为"学习是一个积极主动的过

程，只有亲身体验才能学到真东西"。他提醒读者在阅读本书时"只是细读而不去运用是不会有任何帮助的"。

建议各位读者在阅读正文之前，一定先读一读卡耐基先生专门为你们而写的"九条建议"。我们愿意阅读这本书肯定是希望能从中得到最大的帮助，最实用的指导，那就读读这"九条建议"吧。

关于"做人"，作者最推崇的是伟大的林肯总统。卡耐基一生大部分时间都在贫穷中度过，林肯的奋斗历程被他看做是人生的榜样。林肯对卡耐基的影响非常重大。卡耐基在本书中多次以林肯为例，读者从中能够感受到他对林肯的敬爱之情，能够看到他理解林肯的独特视角。在第一章他就借用南北内战时期的战争部长斯坦顿之口评价林肯是"世界上最完美的统治者"。

林肯的待人之道是"勿非议他人，以免为人所非议"。美国内战期间，联邦军队接二连三地遭到惨败，使林肯绝望不已。半数国人都在激烈地指责联邦军队将领的无能，但林肯却三缄其口。当北方人言辞激烈地批评南方人时，林肯总是说："不要批评他们，处于相同情形时，我们也会像他们一样。"

葛底斯堡之战是美国内战中最血腥的一场战斗，被视为美国内战的转折点。联邦军队的米德少将率波托马克军团抵挡住了南部联盟李将军所率部队的进攻，获得决定性胜利，但却未能按林肯的命令乘胜追击，将敌人全部歼灭。林肯得知情况后非常恼怒却最终控制住了自己的情绪，没有向米德将军兴师问罪，因为他知道"尖刻的批评和斥责几乎总是徒劳无益的"。卡耐基也提醒读者说："人们会坚持自己的想法和行为是有原因的。找出那个原因，你就找到了理解他行为方式的关键，甚至可能是了解他个性的关键。"林肯决定理解米德将军的"坚持己见",他奉行的人际关系准则就是"实实在在地让自己站在对方的角度去考虑"。

卡耐基建议读者说:"以后要是我们想责备某人,就先从口袋里拿出一张5美元的钞票来,看看上面的林肯画像,问自己:'林肯遇到这类的事会如何处理呢?'"

西奥多·罗斯福总统也是卡耐基非常尊敬的伟人,他的事例常被用来诠释作者所提倡的为人之道。卡耐基告诉我们说:"只要是西奥多·罗斯福的客人都会为他广博的学识所倾倒。不论你是牛仔、莽骑兵、纽约的政客,还是外交官,他都能与你侃侃而谈……"罗斯福是如何做到这一点的呢?原来只要有宾客来访,罗斯福都会在前一天晚上,把那位客人有可能感兴趣的话题透彻地研究一番。为什么要这么做?因为他很明白,"要感动一个人就必须谈论那个人最看重的事情"。

我们都渴望被尊敬,受欢迎,怎样才能如愿以偿呢?记住别人的名字吧。卡耐基在第二章中专门讨论了这一处事技巧。西奥多·罗斯福拥有极高声望的秘诀之一就是能记住别人的名字,哪怕是不起眼的小人物。卡耐基写道:"就连仆人们也非常喜欢他……一天,罗斯福到白宫拜访塔夫脱总统夫妇……罗斯福叫出了每一个白宫老仆人的名字,向他们一一问好,就连帮厨也不例外。"他认为这件事恰恰体现了罗斯福总统对属下的真诚关爱。

关于"做事",卡耐基还认为,首要的是要"学会倾听",谈话时要从对方的角度出发考虑问题,要避免与人争辩不休,因为"争辩无法消除误解,只有变通、策略、抚慰和愿意理解他人才能消除彼此的误解"。

在是否批评他人的问题上，卡耐基强调说："不管我们如何确定自己提出的批评是正当合理的，要想引发一场无休止的怨恨，你就放任自己尖酸刻薄地批评别人吧。要知道我们是与人相处，而不是与逻辑打交道。我们是在和感性的人交往……"

除了严谨的分析，中肯的评价，阅读本书还能让我们时时体会到阅读的快乐，卡耐基先生语言表达得通俗易懂、妙趣横生，令人很有阅读的乐趣。比如"批评就像信鸽，总是要回家的"。而提到阿谀奉承时他说："阿谀奉承是虚伪的，就像假币一样，你给别人假币，总有一天会惹祸上身。"

卡耐基先生也很善于使用各种典故帮助读者更好地理解他的思想理念，书中不仅有欧美历史文化典故，也多次提到中国的历史文化名人及其名言，甚至提到了古老的中国谚语。

"一滴蜜比一加仑胆汁更能招引苍蝇。"待人处事就要充分发挥"蜂蜜"的作用。卡耐基说："中国人用了5000年的时间琢磨人性，深厚的文化修养使他们积累了敏锐的洞察力并概括出这样一句睿智的话语：轻履者远行。"他是想说明什么道理呢？

卡耐基非常注重人性关怀，对儿童和老人有着发自内心的关爱和尊重。这一点也在书中得到了充分的展现，体现出他人格的高贵。读者可以在本书的第一章读到他选用的《父亲的悔悟》一文，书中主观暴躁的爸爸有没有让读者感到似曾相识？还有第二章中那个孤独伤痛的小男孩，第四章里平庸自卑的"洗碗的玛丽"，在他人的关爱和鼓励下，他们从此拥有了坦然面对困苦的信心。

再读一读他对一位夫人的描述吧。"这位夫人，孤零零地住在大房子里，……她渴望得到哪怕一点点认同，她也曾青春美丽，寻求幸福。她曾用爱建起一座温馨的屋子，走遍世界收集心爱之物装点自己的家园。现在，她老了，只有孤独相伴，渴求人与人之间的温暖，期望得到些许真诚的赞美，可是没有人理会这一切。"

这就是卡耐基与众不同的地方，在他的书里我们不仅能学习到实用的为人处世之道，更能时时感受到身为作家的他对人对事的细腻感悟。

本书集合了戴尔·卡耐基的个人教学实践和社会心理学研究成果，从为人、处事两方面阐述了人际关系准则，旨在帮助人们更好地生活，更好地工作。这本书最大的特点是以理论结合实践，以实例诠释理论，拉近了读者与成功人士的距离，使作者的思想理念更容易为读者所接受。当然，书中不仅有美国社会各界名人要人的成功事例，还大量引用社会各行各业普通民众的实践经验，在协调人际关系、促进问题解决等方面，生动地诠释了"先学做人，才会做事"的道理。

仔细地阅读这本书吧，里面有许多如你我一样的普通人，你也会像他们一样诚挚待人，善于处事，不断提升自我。

关崇霖

目录

戴尔·卡耐基

情商无敌

——克服人性的弱点

〔美国〕戴尔·卡耐基 著

九条建议

如果你希望能最大限度地发挥本书的效益，就必须有这样一种渴求，一种虽然基本却比任何原则和技巧都重要的必不可少的渴求。只要你拥有这样的渴求，许许多多建议你应如何学习的方法都不过是一纸空话。如果你已然生来就具备这样的资质，你就不必再读以下这些建议了。

什么样的渴求有如此神奇的作用？一种无法动摇的强烈的学习欲望，一种强大的提升自己人际关系处理能力的决心。

如何培养自己形成如此迫切的学习欲望呢？不断提醒自己：这些原则方法非常之重要。为自己描绘出这样的画面：熟练掌握的方法技巧将帮助你过上更富裕、更美满、更快乐、更充实的生活。一次又一次地对自己说："我的名声、我的快乐和价值感很大程度上将取决于我在人际关系上的处理技巧。"

首先，快速阅读本书的每一章节以了解主要内容。你很可能会急着看下一章。请不要如此匆忙，除非你读这本书只是为了消遣。如果你是为了提高为人处世的能力而阅读本书的话，就回过头去把每一章再好好地读一读吧。从长远来看，这样阅读更节省时间，更有效果。

其次，经常放下书本，认真思考你所阅读的内容。问问自己该如何利用每一条建议，什么时候应用效果最佳。

第三，阅读时手里要有一支蜡笔、铅笔、钢笔、标记笔或是荧光笔。发现了一条你感觉用得上的建议时，就在旁边画条线。如果是你觉得特别好的建议，就在每个句子下面画线或是用"****"加以强调。标注书本内容能让阅读更有趣，也能让你更容易更快速地重温重要部分。我认识一位女士，她曾在一家大保险公司做了15年的业务经理。每个月，她都会把公司发布的当月所有合约全部读一遍。没错，她月复一月，年复一年地仔细阅读那些完全相同的合约。为什么要这样做呢？因为经验让她意识到重复阅读是能帮助她把所有条款清清楚楚记在脑子里的唯一办法。

曾有一次我花了差不多两年时间写了一本关于演讲术的书。为了记住书里的内容，我发现自己必须经常回过头去读一读才不会忘记。我们遗忘速度之快是非常令人吃惊的。

所以啊，要是真想从本书中获得持久而确实的效益，就不能满足于蜻蜓点水般的只读一遍。认真地读完一遍后，你应该每个月都花上几个小时重温本书内容。就把书放在你的书桌上，每天都摆在你的面前。不断地用那些即将发生的多种可能的进步打动自己。

牢牢记住：只有持久而投入的温故反省和实际应用才能使本书介绍的原则方法为你所有，成为你的行为习惯。必须如此！

萧伯纳曾说过："如果你把一切都灌输给了某人，他就不会再去学习了。"这句话是真理。学习是一个积极主动的过程，只有亲身体验才能学到真东西。如果你渴望掌握本书中的原则方法，就行动起来吧，在一切可以实践的地方去切身体会这些原则方法的好处吧。不实践，他们很快就会被你忘记。唯有经过实践检验的知识才能牢牢印在你的脑海里。

可能，对你而言，随时随地都使用这些方法不太容易。我理解，因为即便我是这本书的作者，也常常觉得把所有建议都加以运用确实有难度。比方说，人在被激怒的情况下，往往更容易指责和非难对方，而不是尽量去理解他们的观点和意见。相比寻找他人的闪光点来说，挑剔对方的错误来得更容易。与讨论别人的需求相比，我们会更自然而然地谈起自己的愿望。类似这样的情形还有很多。所以，在阅读本书时，请记住，你不仅仅是为了获取信息而读，也是为了培养新的行为习惯而读。是的，你阅读本书是为了获得新的生活方式、新的行为准则。为此，我们必须每天都实践，耐心地等待结果并坚持到底，才能最终达到目的。

请经常查阅本书的内容，引为你行为的参考吧。视本书为人际关系学的工具书吧，无论你遇到什么实际困难——比如与孩子的相处，获得伴侣的理解，或是平息顾客的不满——不要率性而为。一时冲动往往产生错误行为。打开这本书，重温你曾标注过的段落，然后，去尝试吧，看看这些建议、方法会为你带来怎样奇妙的结果。

当然，为了掌握这些原则方法，你也可以与周围的人——配偶、孩子或是生意伙伴——做个有趣的游戏。每次被他们发现你违反了某条人际关系准则时，你必须付给他们10美分或者1美元。

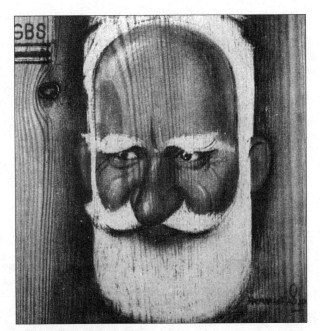

《萧伯纳画像》┃艾里克·赫曼森

萧伯纳是爱尔兰剧作家．1925年诺贝尔文学奖得主．代表作有《鳏夫的房产》、《卖花女》和《华伦夫人的职业》等。

一家华尔街银行的总裁曾在我们的培训课堂上为我们介绍了他用过的非常有效的自我提升方法。这位总裁没有受过多少学校教育，却成为美国最伟大的金融家之一。他坦承说自己绝大部分成功源自于经常应用"自制之法"。我尽量使用他的原话，请看他是如何去做的。

"多年来我一直保留着一本日程安排记录本，里面记下了白天所有的工作安排。家人在周六晚上从来不占用我的时间，因为他们知道每个周六的晚上都是我进行自我反省和检讨评价的时间，是我的自我启蒙过程。晚餐后，我独自离开，打开记录本，开始仔细思考所有本周内进行的访谈、讨论和会议。我会问自己：

"'当时我犯了什么错误吗？'"

"'到底我做了哪些正确的事？——我应该怎样改进自己的表现？'"

"'我可以从那件事里吸取什么教训？'"

"这种每周进行的检讨反省常常让我感到不愉快。因为我总会为自己犯的那些错误感到震惊。当然，随着时间的推移，这些错误地出现了。有时，每隔一段时间，我会特意鼓励一下自己。这种自我分析、自我教育的方式年复一年地坚持，对我产生了很大影响，比我尝试过的其他任何方法都有效。它使我提高了决策能力——在我与人交往中时刻给予我巨大的帮助。我认为怎么赞扬它都不过分。"

能不能也使用相同的方式去检验你实践本书提到的行为准则效果如何？如果那样做，会有两个结果。其一，你会发现自己身处于一种非常有趣的教育过程之中；其二，你会发觉自己面对人际关系问题时的处理技巧有很大的提高。

你会在本书结尾处发现几张空白页，可以用来记录你在实践这些行为准则时取得的成功。记录要详细具体，记下人名、日期和结果。记录自己的成功、进步能激发你更加努力。而且，几年以后，当你偶然又看到这些记录时会觉得很有意思。

为了充分利用好本书提供的行为准则，请记住：

1. 培养牢固而迫切的掌握人际关系准则的学习欲望；

2. 每一章节要仔细阅读两次才能进入下一章；

3. 阅读中要经常掩卷深思，问自己如何把每条建议落到实处；

4. 把每个重要的观点或建议标注出来；

5. 每个月都要对本书内容进行温习；

6. 尽一切可能实践行为准则。把本书视为有助你解决日常难题的工具书；

7. 用游戏让学习更有趣。当某位朋友发现你违反了某一条准则时，你就付给他/她10美分或是1美元；

8. 每周都回顾自己取得的进步。自问是否犯了错，有没有进步，吸取了什么教训而有利于将来；

9. 在本书的后面几页记下自己实践应用这些行为准则的方式和时间。

《狄更斯像》｜赫伯特・瓦特金斯 摄

第一章
待人接物的基本技巧

一、如欲采蜜，勿毁蜂巢

1931年的5月7日，纽约市轰动一时的追捕案进入白热化阶段。经过几周的搜捕，人称"双枪"的警察杀手克劳利[1]已走投无路，被困在曼哈顿西区大道他情人的公寓里。

150名警察和侦探包围了他藏身的顶楼。警察在屋顶凿了一个洞，企图用催泪弹把他熏出来。四周的建筑物上也架好了机枪，在接下来的一个多小时里，手枪的砰砰声和机枪的突突声回荡在纽约市这个漂亮的小区里。克劳利蹲在一张沙发椅后面，不断朝警察开枪。10000多人既紧张又兴奋地观看了这场警匪交战。这可是纽约大街上前所未有的场面。

克劳利被捕后，警署专员E.P.马尔卢尼宣称这个"双枪"暴徒是纽约有史以来最危险的一个罪犯。这位警署专员还说："哪怕是为鸡毛蒜皮的事，克劳利也会杀人。"

"双枪"又是如何评价自己的呢？当警察围攻他藏身的公寓时，他写了一封致有关当局的信，从他伤口里流出的血在纸上留下了深红色的痕迹。他这样写道："外表之下我有一颗疲惫的心—— 一颗不愿意伤害任何人的心。"

---

1 "双枪"克劳利（Francis Crowley，1911–1932），职业罪犯，因经常携带双枪得此绰号，后被判死刑，坐电椅死于星星监狱。

　　就在此前不久，在长岛外一条乡间公路上，克劳利停下汽车跟女朋友卿卿我我，一个警察突然走到他的汽车旁，说："请出示驾驶证。"

　　克劳利二话没说，拔出手枪对着那名警察就连开数枪，警察应声倒地，奄奄一息。克劳利接着跳出汽车，抓过警察的左轮手枪，又朝他开了一枪。就是这么一个杀手，居然说："外表之下我有一颗疲惫的心——一颗不愿意伤害任何人的心。"

　　克劳利被判死刑，当他走进星星监狱的死刑室时，你以为他会说"这是我杀人作恶的下场"吗？不，他说的是"这就是我自卫的结果"。

　　这个故事的要点是："双枪"克劳利对自己没有丝毫的责备。

　　这种态度在罪犯中显得反常吗？如果你这么认为，不妨再听听下面这些话：

　　"我一生的黄金时光都献给了大众，使他们过得幸福快乐，可我得到的却是辱骂，被追得东躲西藏。"

　　这是阿尔·卡朋[1]所说的话。没错，阿尔·卡朋，美国最臭名

1　阿尔·卡朋（1899–1947），意大利移民后代，黑帮教父，从事走私、非法酿酒等犯罪活动。曾在联邦监狱服刑11年。

美国黑帮头子卡朋

昭著的头号公敌，一个穷凶极恶的帮会头目，曾经枪扫芝加哥。可他却自认为是公众的恩人—— 一个非但没有得到赞许，反而被人误会的公众的恩人。

达奇·舒尔茨[1]在被纽约帮派火并的枪弹击倒之前，也曾有过这样的表白。他本是纽约声名狼藉的害群之马，可在接受新闻记者采访时，他却坚信自己是公众的保护人。

关于这个话题，我曾和路易斯·劳斯进行过有趣的书信交流，他曾担任纽约"著名"的星星监狱典狱长多年。他说："在星星监狱中，没有哪个罪犯会承认自己是坏人。他们说自己都是跟你我一样的人。他们为自己的行为找理由进行辩解。他们会告诉你为什么他们不得不撬开保险箱，为什么他们不得不动辄开枪。不管是否能站住脚，他们大多数人都试图通过推理，证明自己的反社会行为是正当的，并且理直气壮地认为自己根本不应该被关进监狱。"

假如阿尔·卡朋、"双枪"克劳利、达奇·舒尔茨以及监狱中那些绝望的男男女女根本不自责，根本不归咎于自身，你我身边的那些普通人又会如何呢？

约翰·沃纳梅克是沃纳梅克百货公司[2]的创始人，他曾坦言道："30年前我就明白责备他人是愚蠢的。上帝认为平均分配智慧是不恰当的，我并不因此而烦恼，因为光是克服自己的种种不足就够我烦心的了。"

---

1 达奇·舒尔茨（1902-1935），美国犹太人，黑帮老大，从事非法酿酒和非法彩票赌博等犯罪活动，死于同伙暗杀。
2 沃纳梅克百货公司，费城第一个百货公司。到2011年，沃纳梅克百货公司成为梅西百货公司的城中店。

沃纳梅克很早就明白了这个道理，而我在这古老的世界里，跌跌撞撞摸索了30多年才悟出此道：无论错误多么严重，很少有人会责备自己，100次里有99次都是如此。

指责是徒劳的，因为它催生人的防范之心，通常只会促使他为自己辩护。指责也是危险的，它会伤害一个人宝贵的自尊，损害其自豪感，还会激起他的不满。

举世闻名的心理学家B.F.斯金纳[1]通过实验证明，同表现不佳而受罚的动物相比，因表现良好而受奖赏的动物学习得更快，学习效果也更好。后续研究表明，这也同样适用于人类。批评不但无法产生持久的改变，反而会引发怨恨。

另一位著名心理学家汉斯·塞尔耶[2]说："我们害怕指责的心情像渴望赞许一样强烈。"

批评造成的不满令员工士气低落、家人和朋友意志消沉，却无法扭转仍然糟糕的局面。

俄克拉荷马州伊尼德的乔治.B.约翰斯顿是一家工程公司的安全事务联络主任，他的职责之一便是确保工人们在工地始终戴着安全帽。他说，每次遇到不戴安全帽的员工，他都会引用多条规章制度告诉他们务必遵守，工人们苦着脸表示接受，可一等他离开，又往往把帽子摘掉。

他决定换个方式。后来再碰到不戴安全帽的工人，他就问帽子是不是戴着不舒服，型号是否合适。然后他还用愉快的口吻提

1　斯金纳（Burrhus.Frederic.Skinner，1904—1990），美国心理学家，新行为主义心理学创始人之一，操作性条件反射理论的奠基者。

2　汉斯·塞尔耶（Hans Selye，1907-1982），加拿大心理学家。建立应激理论，被誉为"应激理论之父"。

醒工人们，帽子是用来保护他们不受伤害的，并建议他们在工作时间内始终戴着。结果，工人们越来越遵守规章制度，不再闹情绪，也没有怨言了。

批评指责是徒劳无益的，你可以从史书上找到不胜枚举的例证。不妨以西奥多·罗斯福总统和塔夫脱总统之间的争执为例，他俩的不和导致了共和党的分裂，使得伍德罗·威尔逊得以入主白宫，并在一战期间写下了英勇而光辉的篇章，从而改变了历史的进程。我们来快速回顾一下那段历史吧。当西奥多·罗斯福总统1908年离开白宫时，他支持塔夫脱，于是塔夫脱被选为总统。然后西奥多·罗斯福就去非洲猎狮了，可从非洲回来时，他简直肺都气炸了。他公开指责塔夫脱施政保守，并为此组织了"公麋党"，试图为自己获得第三任总统提名，这几乎使共和党分崩离析。在接下来的选举中，威廉·霍华德·塔夫脱和共和党只赢得两个州的支持——佛蒙特州和犹他州。这是该党有史以来最惨重的一次失败。

西奥多·罗斯福指责塔夫脱，可塔夫脱总统是否有过自责呢？当然没有。塔夫脱含着眼泪说："我不知道我还能够怎么做。"

谁该受责备呢？是罗斯福还是塔夫脱？坦率地说，我不知道，也不在乎。我要说的是，西奥多·罗斯福的指责非但没有说服塔夫脱认错，反而使塔夫脱千方百计为自己开脱，眼泪汪汪地重复着"不知道我还应该怎么做"。

再以"茶壶顶油田丑闻"[1]为例吧。这个事件使20世纪20年代

---

1 茶壶顶油田丑闻，是美国历史上很不光彩的一页。政府高官同石油商人相勾结，收受贿赂，损害国家利益。腐败贪婪的福尔在1931年锒铛入狱。他是美国第一个在职期间因犯有重罪而被判下狱的内阁成员。

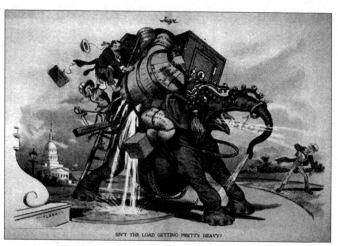

本政治讽刺画刊登于 20 世纪初的《美国报刊》，生动地表现了西奥多·罗斯福与塔福脱的总统之争。

ISN'T THE LOAD GETTING PRETTY HEAVY?

西奥多·罗斯福与塔福脱的总统之争

早期的美国新闻界义愤填膺，也令举国上下为之震惊！在当时人们的记忆中，美国公众对这等事情是闻所未闻的。整个事件的真相是：哈定内阁的内政部长阿尔伯特·B.福尔掌握着政府在艾尔克山和茶壶顶的两处战备油田的租赁权——该石油储备专供海军未来之需。福尔部长同意竞标了吗？没有。他把这份油水十足的合同直接交给了他的朋友爱德华·L.多希尼。多希尼又做了什么呢？

多希尼给福尔部长提供了一笔10万美金的所谓"贷款"。然后，福尔部长以高压手段命令美国海军陆战队闯入该地区，驱逐了那些在艾尔克山一带采油的竞争者。这些被枪和刺刀赶出自己领地的竞争者们涌进了法庭——揭开了茶壶顶油田丑闻的盖子。丑闻影响极为恶劣，导致了哈定内阁的倒台，也令国人厌恶不已，大有令共和党瓦解之势，阿尔伯特·B.福尔也因此锒铛入狱。

福尔遭到了严厉的谴责——公众生活中还没有谁受过如此谴责。可是福尔忏悔了吗？没有！几年之后，赫伯特·胡佛总统在一次公开演说中暗示说，哈定总统之死可归咎于朋友的背叛所导致的焦虑和不安。福尔夫人闻听此言，当即从椅子上跳了起来，委屈地哭喊道："什么！福尔背叛了哈定？不可能！我丈夫从未背叛过任何人。即使满满一屋子黄金，也诱惑不了我丈夫去做坏事。是别人背叛了他，让他遭受迫害和折磨。"

这就是人性，做坏事的总是怪罪别人，从不会埋怨自己半句。我们自己也是如此。所以在你我之辈试图批评别人时，务必先想想艾尔·卡朋、"双枪"克劳利和阿尔伯特·B.福尔。我们要明白，批评就像信鸽，总是要回家的。我们必须意识到我们打算纠正或责备的人会为自己辩解，反过来还会谴责我们。再或者，他会

茶壶顶丑闻

像温和的塔夫脱那样说："我不知道我还能够怎么做。"

1865年4月15日的清晨，在一家廉租公寓里，亚伯拉罕·林肯奄奄一息地躺在走廊尽头一间窄小的寝室中，对面就是他遭到约翰·威尔克斯·布斯[1]枪击的福特剧院。昏暗的煤气灯散发着摇曳不定的幽光，林肯瘦高的身体斜躺在一张凹陷的床上，对他而言，那张床实在是太短了。床边的墙壁上，挂着一幅罗萨·博纳尔[2]的名画《马市》的廉价复制品。战争部长斯坦顿说："躺在这里的是世界上最完美的统治者。"

林肯与人相处的成功秘诀是什么？我曾耗费10年时间研究林肯的一生，又花了整整3年时间反复修改才完成了一部书——《不为人知的林肯》。

我相信经过全面而详尽的研究，我对林肯的性格特点和家庭生活比任何人都更为了解。我还特别对林肯的待人处世做了专门研究。林肯是否也曾惯于责备他人？是的，年轻时在印第安纳州的鸽溪谷，他不但批评别人，还写信作诗去嘲讽别人，并把写好的信丢在乡间小路上，因为丢在那里的信一定会被人捡到。即使在伊利诺伊州的斯普林菲尔德镇做了实习律师之后，林肯还曾在报纸上发表公开信抨击对手。

其中一封信所引发的怨恨让他终生难忘。

那是1842年秋季，林肯嘲弄了一个叫詹姆斯·希尔兹的政

1　约翰·威尔克斯·布斯（John Wilkes Booth1，838-1865），戏剧演员，同情南部邦联，对南北战争的结局甚为不满，刺杀林肯总统后在一处兵营附近被士兵发觉并开枪打死。

2　罗萨·博纳尔（Rosa Bonheur，1822-1899），法国动物画家，跟随同是艺术家的父亲学习绘画，后进入巴黎圣艾蒂安高等美术学院。令她崭露头角的作品是她18岁时展出的《山羊和绵羊》和《两只兔子》。《马市》是她最杰出的作品。

客，此人既自负又好斗。林肯在《斯普林菲尔德报》上发表了一封匿名信对他冷嘲热讽，全镇的人为之哄笑不已。希尔兹素来敏感而自负，这件事让他怒火中烧。查出写信人是谁之后，他当即跳上马去找林肯，要和他决斗。林肯本来不愿意打架，也反对决斗，可事关自己的脸面，他无法回避。林肯获得了自己挑选武器的机会，由于手臂特别长，他选用了骑兵用的宽刃剑，还向一位西点军校毕业生学习剑术。到了约定的日子，他和希尔兹在密西西比河的河滩上会面，准备决一死战。好在最后一刻，双方的助手阻止了决斗。

这是发生在林肯生活中最可怕的一个事件。它给林肯上了极宝贵的一课，让他学会了待人处世的艺术，他再也没有写过侮辱别人的信件，也不再嘲笑他人。从此以后，他几乎再也没有因为任何事批评过任何人。

美国内战期间，林肯曾一次又一次更换统率波托马克军队的将领——麦克莱伦、蒲伯、伯恩塞德、胡克、米德——可他们接二连三地遭到惨败，使林肯绝望不已。半数国人激烈地指责那些将领的无能。但林肯始终秉持"勿存恶意于他人，慈悲为怀为众生"的信条而三缄其口。他最喜欢的一句话是："勿非议他人，以免为人所非议"。

当林肯夫人和其他人言辞激烈地提到南方人时，林肯总是这样回答："不要批评他们，处于相同情形时，我们也会像他们一样。"

而假如有人有理由批评他人的话，那就是林肯了。我们不妨来看看以下实例：

　　1863年7月的头三天，葛底斯堡之战[1]打响了。4日的晚上，李将军[2]开始向南边撤退，当时狂风呼啸，乌云密布，暴雨淹没了整个地区。李将军带领溃军到达波托马克河时，前面是河水暴涨、无法逾越的波托马克河，后面是乘胜追击的联军。李将军和他的军队进退维谷，走投无路。林肯意识到这是一举俘获李将军部队、迅速结束战争的天赐良机。对此，林肯激动不已，满怀希望，他命令米德将军无须召开作战会议，立即向李将军的部队发起进攻。林肯通过电报发出命令，并派去特使督促米德立即采取行动。

　　可米德将军又是如何处理的呢？米德的行动跟林肯的命令完全相反。他公然违抗林肯的命令，召开了作战会议，而且还迟疑不决，并以种种理由回复电报，断然拒绝进攻李将军。最终河水渐渐退去，李将军率领残部渡过了波托马克河。

　　林肯知道后大为光火。当着儿子罗伯特的面大吼道："这样做是什么意思？上帝啊！怎么能这样做？李将军已处在我们的掌控之下，我们只要一出手，就能将他们拿下。可是无论我说什么做什么，都无法调动军队。这种情形下，无论哪位将军都能打败李将军。我要是在场，一定要亲手鞭打他。"

　　痛心和失望之下，林肯给米德将军写了一封信。注意，在这

1　葛底斯堡之战（Battle of Gettysburg，1863年7月1日至7月3日），于宾夕法尼亚葛底斯堡及其附近地区进行，是美国内战中最血腥的一场战斗，经常被引以为美国内战的转折点。联邦军乔治·米德少将所率之波托马克军团抵挡由联盟军罗伯特·李将军所率北弗吉尼亚军团的进攻，获得决定性胜利，终结了李将军第二次，也是最后一次入侵美国北方各州。

2　李将军，即罗伯特·爱德华·李（Robert Edward Lee，1807—1870），美国职业军人，南北战争期间南方联盟最出色的将军。其以少胜多但最终不敌的结局为他赢得长久声名。战后，他积极推动重建，晚年成为大学校长，著名教育家。

期间，林肯极为保守，凡措辞都极其谨慎。因此，林肯于1863年所写的这封信，其措辞无异于最严厉的斥责。信的内容如下：

亲爱的将军：

我相信您对李将军脱逃所造成的严重后果还没有充分意识到。他原已在我们的掌控之中，当时就可以轻而易举地将他擒获。俘获他，再加上最近取得的其他胜利，我们本可以立即结束这场战争。然而事实是，战事还将无限期地延续下去。既然上周一您没有把握追击李将军，如今他们已逃至河的南岸，以您手头现有不足当时2/3的兵力，又该如何再次对他发动袭击呢？指望下一次进攻是不明智的，我也不期望您现在能有多大作为。您丧失了最宝贵的机会，这让我感到无比痛心。

你猜猜看，米德看到这封信会作何感想呢？

米德从未读到过这封信，林肯并没有把信寄出去。这封信是林肯去世后人们在他的文件堆里发现的。

我猜测——也仅仅是我的猜测而已——林肯写完信后，望着窗外自言自语："且慢，或许我不该这样草率。我坐在宁静的白宫，命令米德进攻是一桩轻而易举的事，可是如果我像米德那样在葛底茨堡，一周内眼里看到的尽是鲜血，耳朵里充斥着垂死者和伤兵的尖叫，或许我也不会急于发动进攻。假如我的性格也跟米德一样懦弱，或许我的做法也会跟他完全一样吧。无论如何，木已成舟，无法挽回了。发出这封信固然可以一解我心头的不快，但也会使米德为自己辩解并对我进行指责。那样会引发委屈不满，有损他作为指挥官的威望，甚至还会迫使他辞去军职。"

因此，正如我所说，林肯没有发出那封信，而是放在了一边。他从自己痛苦的经历中明白，尖刻的批评和斥责几乎总是徒劳无益的。

西奥多·罗斯福曾经说过，担任总统期间，每遇到棘手的问题，他都会往椅背后面一靠，仰起头来，看着挂在白宫办公桌上方的那幅巨大的林肯画像，问自己："要是林肯处于这种困境，他会怎么做呢？他会怎么解决这个问题呢？"

以后要是我们想责备某人，就先从口袋里拿出一张5美元的钞票来，看看上面的林肯画像，问自己："林肯遇到这类事情会如何处理呢？"

马克·吐温偶尔也会大光其火，措辞之火暴足以让信纸变色。例如，他曾写信给一个惹他生气的家伙，说："这是给你的一份埋葬许可证。你只要开口，我就保证你拿到。"还有一次，他写信给一个编辑，涉及的是校对员"试图改进我的拼写和标点"的问题。他命令道："以后就按我的原稿解决这个问题，让那个校对员把建议留在他腐烂的脑浆里吧。"

写下这些尖酸刻薄的信让马克·吐温得以发泄怒气，心情也会好一些。但这些信并未产生任何真正的伤害，因为马克·吐温的妻子偷偷把它们从邮箱中拿了出来，从来没有寄出过。

你想改变和控制某个熟人吗？好！非常好。我支持你。可是为什么不从你自己开始呢？完全从利己的立场看，改变自己要比改变别人好处大得多——确实如此，而且危险也少得多。孔子所言极是，"不扫自家门前雪，勿怨邻人瓦上霜"。

马克·吐温是美国幽默大师、小说家、作家，也是著名演说家，19世纪后期美国现实主义文学的杰出代表。

老年的马克·吐温像

　　我年轻时，总想给别人留下深刻印象，曾写过一封愚蠢的信给美国文坛一位声誉日盛的作家，理查德·哈丁·戴维斯[1]。当时我正准备给一家杂志社写一篇有关作家的文章，于是写信请戴维斯告诉我他的写作方法。

　　就在几周前我收到过一封信，信末附注着这么一句："此信系口述，未经校读。"这句话给我的印象极深，感觉写信者肯定是一位日理万机、举足轻重的大人物。我倒是一点也不忙，却又急于给戴维斯先生留下深刻印象，于是我就在自己的短信后面加上了这句："此信系口述，未经校读。"

　　戴维斯根本不屑于给我回信，把我那封信给退了回来，并在信末潦草地写道："你的无礼无人能及。"是的，我太失策了，也许我活该得到这样的斥责。可人的本性让我对此满心怨恨。我的愤恨如此强烈，甚至10年后得知理查德·哈丁·戴维斯去世的消息时，我仍然耿耿于怀——尽管我羞于承认他带给我的伤害。

　　不管我们如何确定自己提出的批评是正当合理的，要想引发一场无休止的怨恨，你就放任自己尖酸刻薄地批评别人吧。要知道，我们是与人相处而不是与逻辑打交道。我们是和感性的人交往，他们往往充满偏见，傲慢而自负。

　　托马斯·哈代[2]是英国最优秀的小说家之一，对英国文学做出了巨大贡献。苛刻的批评使感情细腻的他永远放弃了小说写作。

1　理查德·哈丁·戴维斯（Richard Harding Davis，1864-1916），美国新闻记者、小说作家。他是当时最受欢迎的战地记者之一，先后报道了六次战争。

2　托马斯·哈代（Thomas Hardy，1840-1928），英国诗人、小说家，早期和中期的创作以小说为主，继承和发扬了维多利亚时代的文学传统；晚年以其出色的诗歌开拓了英国20世纪的文学新天地。

责难之声甚至使英国诗人托马斯·查特顿[1]自杀身亡。

本杰明·富兰克林年轻时做事鲁莽冲动，后来却变得极其老练，待人处世游刃有余，并因此被任命为美国驻法国大使。他的成功秘诀是什么呢？"我不说任何人的坏话。"他说，"……而是说我所知道的每个人的优点。"

愚蠢的人会批评、斥责和抱怨别人，并且绝大部分蠢人都这么做。要做到善解人意和宽宏大量，需要有良好的品格、自我克制的能力。

卡莱尔[2]曾经说过："善待小人物展现的是伟人的优秀品质。"

鲍勃·胡佛是著名的试飞员，经常进行飞行表演。有一次，他完成了在圣迭戈举行的飞行表演之后，在返回洛杉矶的途中，正如《飞行指南》杂志所描述的那样，飞机在300英尺的高空突然两台发动机熄火。他凭借高超的技术使飞机着了陆，虽然没有人员伤亡，但飞机严重受损。

紧急着陆之后，胡佛做的第一件事情便是检查飞机的燃料。不出他所料，他开的是二战时造的螺旋桨飞机，可是给飞机加的却不是汽油，而是喷气式飞机的燃料。一回到机场他就要求与维护飞机的机械师见面。年轻的机械师为自己所犯的错误痛悔不已，见到胡佛时已泪流满面。由于他的过失，损失了一架非常昂贵的飞机，还差点让3个人送了命。

---

1 托马斯·查特顿（Thomas Chatterton，1752－1770），英国天才诗人，善于模仿。他曾模仿15世纪英语写诗，冒充布里斯托尔僧侣诗人托马斯·罗利所写并公之于世，名为"罗利诗篇"。后在伦敦因穷愁潦倒而绝望自杀。

2 托马斯·卡莱尔（Thomas Carlyle，1795—1881），苏格兰散文家和历史学家，英国19世纪著名史学家、文坛怪杰。

托马斯·卡莱尔漫画像

你可以想象胡佛的愤怒并预感到这个骄傲严谨的飞行员对机械师的疏忽会如何严厉斥责。可是胡佛并没有那么做，他甚至没有半句批评。他紧紧搂着机械师的臂膀，说："我坚信你不会再犯同样的错误，明天请你维护我那架F－15。"

父母们经常批评孩子，对此你估计会期望我说"别这样"。而我要说的却是："在批评孩子之前，读一读美国杂志上的一篇经典文章——《父亲的心声》。"

父亲的心声

W.利文斯顿.拉尼德

儿子，你睡着了，一只小手压在脸颊下，金色的卷发粘在你湿润的额头上。我悄悄走进了你的房间。几分钟以前，我坐在书房里看报纸，突然一阵懊悔涌上心头。愧疚之下，我来到了你的床前，想对你说说心里的话。

儿子，我想到了很多事情：我经常对你发脾气。准备上学时，只因为你洗脸时随便用毛巾抹了一把，我就训斥你。因为你没弄干净鞋子我就责骂你。你把东西扔到地板上了，我就生气地对着你大喊大叫。

吃早饭时我也挑你的错：你把饭菜撒出来了；你吃东西狼吞虎咽了；你把胳膊搭在餐桌上了；你往面包上抹的黄油太多了；你想出去玩而我正好要去赶火车的时候，你转过身来，挥着手对我说："老爸再见！"而我却皱着眉头说："把肩膀挺直了！"

傍晚，一切又开始重演。在路上，我看到你跪在地上玩弹子游戏，袜子上有几个洞。我当着你伙伴们的面羞辱了你，硬是把你押回了家。"袜子那么贵，要是你自己花钱买的，你就知道当心了！"没想到吧，儿子，这种话居然出自父亲之口！

你还记得吗，孩子？后来我在书房看报，你怯生生地走进书房，脸上带着受伤的神情。我正在看报纸，很不耐烦被打搅，只抬抬眼皮瞥了你一眼，见你迟疑地站在门口，我厉声说道："你要干什么？"

你什么也没说，只是突然跑了过来，扑在我怀里，张开双臂搂住我的脖子，亲了我一下。你的小胳膊搂得那么紧，包含着深深的爱意，那是上帝种在你心田里的一朵花，即使被漠视也不会枯萎。然后你就跑开了，啪嗒啪嗒地上了楼。

儿子啊，爸爸手中的报纸一下子滑落了，让人难过的愧疚笼罩了我。我养成了什么样的习惯呀？动不动就找岔子呵斥人——这就是我对你的奖赏，你还是个孩子呀。不是我不爱你，而是我对年轻人的期望太高。我是在用我这个年龄的标准衡量你啊。

你的性格中有很多真、善、美的东西。你小小年纪，心胸却非常宽广，就像照亮群山的曙光一样。从你突然跑过来亲吻我，跟我道晚安时的天真率直就可见一斑。儿子啊，今晚其他事情都无关紧要，黑暗中我来到你的房间，跪坐在床前，内心羞愧无比！

这是于事无补的忏悔。我知道，我要是在你醒着时跟你说这些，你是不会明白的。但明天我要做一个真正的父亲！我要和你做朋友，一起经历痛苦，一起分享欢笑。不耐烦的话我会忍着不说。我会像举行仪式一样，不断告诫自己："他不过是一个男孩——一个小男孩。"

以前恐怕是我把你当大人看了。可是，儿子，这会儿我看着你，疲惫地蜷缩在小床上，我明白了，你还只是个小小的孩子。昨天你还把头伏在妈妈的肩膀上依偎在她的怀抱里呢。我对你要求的太多，太多了。

与其去责备别人，还不如努力去理解他们，尽力弄清他们那么做的理由。这样做比批评更有益处，更让对方愧疚，再说，这么做还能养成同情、宽容和仁慈之心。"理解一切便会宽恕一切。"

正如约翰逊博士所说的："除非末日来临，连上帝都不愿去评判一个人！"

那么你我之辈为什么还要那么做呢？

原则1 不要批评、指责或者抱怨。

二、与人融洽相处的秘诀

世界上唯一能让别人乐意去做某件事的方法是什么呢，你曾静下心来想过这个问题吗？没错，你猜对了，就是让别人心甘情愿地去做。

记住，只有这样才能让任何人去做任何事。

当然，你可以用左轮手枪顶着一个人的肋骨，让他乖乖地把手表给你；你可以用解雇来胁迫员工阳奉阴违地服从你；你还可以用鞭笞或恐吓强迫孩子按你的要求去做。可这些拙劣的方法却会产生极为不利的后果。

能让别人乐意做任何事的唯一方法，就是满足对方的需求。

那么你的需求是什么呢？

西格蒙德·弗洛伊德说："人类的行为都源自两种动机：即性的冲动和成为伟人的渴望。"

约翰·杜威，美国思想最为深刻的哲学家之一，他的见解与西格蒙德·弗洛伊德稍有不同。杜威博士认为，人类天性中最深层次的冲动是"成为重要人物的欲望"。

记住这句话：成为重要人物的欲望。这很重要，在本书中你将看到许多相关的实例。

你需求的是什么呢？也许不会很多，可面对真正需要的东西格蒙德·弗洛伊德·奥地利精神病医生·精神分析学派的创始人。他认为被压抑的欲望绝大部分是属于性的·性压抑是精神病的根本原因。

西格蒙德·弗洛伊德

西，你会孜孜以求，不达目的绝不罢休。大多数人都想得到的东西包括：

一、健康和生命的保障。

二、食物。

三、睡眠。

四、金钱能买到的东西。

五、未来生活的前景。

六、性满足。

七、子女的安康。

八、举足轻重的感觉。

几乎所有这些欲望都能得到满足，除了"举足轻重的感觉"，这种渴望如同人对食物和睡眠的需求一样，根深蒂固，必不可少，却很难得到满足——它就是弗洛伊德所说的"成为伟人的欲望"，也就是杜威所说的"成为重要人物的欲望"。

林肯曾在一封信中这样开头："每个人都喜欢赞美。"威廉·詹姆斯也曾说过："渴求得到赞赏是人类天性中最重要的一种倾向。"他并没有用"希望"、"愿望"或是"渴望"等字眼，他用的是"渴求"为人所赞赏。

这是一种"人性饥渴"，使人们深陷其中难以自拔，痛苦不堪。谁能真正满足人们这种心灵的饥渴，谁就能控制人心。这样的人因稀少而弥足珍贵，"他的去世，甚至让殡葬员都感到伤心"。

对自豪感的渴求，是人类和动物之间的重要区别。不妨举个例子，当我还是密苏里一个农家孩子的时候，我父亲饲养品种优良的杜洛克——泽西大红猪和纯种白脸牛。那时我们经常在中西部乡下的集市和家畜展览会上展览我们的大红猪和白脸牛，曾赢得几十次一等奖。我父亲把那些奖章别在一条白色平纹棉布上。每当亲友们来我们家时，父亲就会拿出那条长长的白棉布来，我握着这一端，他握着那一端，让大家好好欣赏蓝缎带奖章。

大红猪并不在乎它们赢得的奖章。可是我父亲很在乎。因为这些奖品给他带来了自己"举足轻重"的感觉。假如我们的祖先没有这种对"举足轻重感"的炽烈渴望，就不可能产生文明。没有这种渴望，我们就会和动物毫无区别。

正是这种对成就感的渴望，激发了一个没受过良好教育、一文不名的杂货店店员改弦更张。他把一个堆满杂货的大木桶翻了个遍，在桶底找出了他用50美分买来的几本法律书籍，决心从此认真研习法律。你或许听说过这个名叫林肯的杂货店店员。也正是同样的渴望，激发狄更斯[1]写出了不朽的名著，激励克里斯多弗·雷恩爵士[2]完成了他交响乐般宏伟的建筑设计，激励洛克菲勒积累了用之不竭的万贯家财。

正是这种渴望，使镇上的大富翁修建了大而无当的豪宅。这种渴望使你穿上最新颖的服饰，驾驶最新款的轿车，或是炫耀你的孩子有多么的聪明伶俐。

诱惑许多青少年拉帮结派，从事犯罪活动的，也是这种渴望。纽约前任警署专员E.P.马尔卢尼曾经说："年轻罪犯普遍是

---

1 狄更斯（Charles Dickens, 1812–1870），19世纪英国批判现实主义小说家，长于描写生活在社会底层的"小人物"的生活遭遇，深刻反映了当时英国复杂的社会现实，为英国批判现实主义文学的开拓和发展做出了卓越的贡献。主要作品有《雾都孤儿》等。

2 克里斯多弗·雷恩爵士（Sir Christopher Wren, 1632–1723），英国建筑师，最重要的作品是在1666年伦敦大火后主持重建伦敦圣保罗大教堂。

自以为是、虚荣自负的，他们被捕后的第一个要求，就是阅读那些把他们写成英雄的庸俗小报。只要能看到自己的相片登报，和体育明星、影视明星及政坛名流分享版面，他们似乎就把讨厌的刑期抛到九霄云外去了。"

假如你能说出自己获得成就感的方式，我就能说出你是怎样的人；它决定了你的品格，那对你来说是最为重要的。比如约翰·D.洛克菲勒获取成就感的方式是捐钱在中国北京修建现代化医院，照顾了许多他从未谋面也永远无缘相见的贫民。相反，迪林杰是通过做强盗、抢银行和杀人获取他的成就感。被联邦调查局的人追捕时，他冲进了明尼苏达的一户农家，大喊道："我是迪林杰[1]。我不会伤害你的，可我是迪林杰！"他以自己是社会头号公敌为荣。

是的，迪林杰和洛克菲勒最大的差别，就在于他们获得成就感的方式不同。

历史上不乏著名人物对成就感孜孜以求的有趣事例。连乔治·华盛顿那样的人物，都愿意被尊称为"尊贵的美国总统阁下"；哥伦布曾请求赐封他"海军上将兼印度总督"的头衔；俄国女皇凯瑟琳拒绝拆阅没有写"女皇陛下"尊号的信件；林肯夫人在白宫时，曾像一头母老虎似的对格兰特夫人大声吼叫："没有我的邀请，你竟敢坐在我的面前！"

---

1 约翰·赫伯特·迪林杰（John Herbert Dillinger, 1903－1934），大萧条时期活跃于美国中西部的银行抢匪，曾被指控与数名警官的死亡有关，组织过对至少24家银行和4家警察局的抢劫，还曾两度越狱，最后因被告发死于警察枪下。但是当时人们却十分尊崇他，认为他是现代罗宾汉。

约翰·戴维森·洛克菲勒是美国资本家，也是上世纪第一个亿万富翁。1945 年洛克菲勒和莫罗夫人化装成满清的中国人，在一次聚会上为中国募捐。

洛克菲勒为中国募捐

1928年百万富翁们慷慨解囊，资助海军上将伯德[1]去南极探险，因为他们知道那里的冰山将以他们的名字命名。而维克多·雨果[2]的勃勃雄心，是以他的名字为巴黎重新命名。甚至莎士比亚，最伟大的人，都渴望为他的家族获得一枚盾形徽章，好为自己的荣名锦上添花。

有时候人们会故意装病来博取同情与关注，从而让自己显得很重要。例如麦金莱夫人，为了获得备受重视的感觉，竟然强迫自己身为美国总统的丈夫置重要国务于不顾，一连数小时守候在她床边，搂着她，抚慰她入睡。有一次她补牙也坚持要麦金莱总统陪着，以此来满足自己渴求被关注的欲望。又有一次，因有约在先，总统先生要和国务卿约翰·海会面，不得不让她一个人留在牙医诊所，为此她简直闹翻了天。

作家玛丽·罗伯茨·莱茵哈特[3]告诉过我一个故事，有一个开朗而富有活力的少妇，为了得到备受重视的感觉，把自己装成了一个体弱多病的人。莱茵哈特女士说："有一天，这妇人不得不面对一个事实，或许是她的年龄吧，孤独的岁月就将在她面前展开，她可以指望的东西实在不多。于是她在床上躺了10年，其间她的老母亲每天往返于一楼和三楼之间，捧着饭菜伺候她。后来，年迈的母亲由于劳累过度，一病不起，去世了。为此她躺在

1　海军上将伯德（Richard Evelyn Byrd, Jr, 1888-1957），极地航空飞行先驱和极地探险家，获美国政府颁发的荣誉勋章。

2　维克多·雨果（Victor Hugo, 1802-1885），法国浪漫主义作家，人道主义的代表人物，19世纪前期积极浪漫主义文学运动的代表作家，法国文学史上卓越的资产阶级民主作家，被人们称为"法兰西的莎士比亚"。

3　玛丽·罗伯茨·莱茵哈特（Mary Roberts Rinehart, 1876-1958），美国小说家和剧作家。其最著名的侦探小说作品是《螺旋楼梯》（1908年），内容幽默，这部小说帮助她树立了文学声望。

床上沮丧了几个星期，然后起床穿衣，又开始了新的生活。"

有些专家指出，人可能真的会发疯，以便在疯狂的幻境中寻找在冷酷的现实中所得不到的被重视的感觉。在美国，精神疾病患者的人数要比其他疾病患者的人数总和还要多。

那么，导致精神失常的原因是什么呢？没有人能回答这一笼统的问题，不过我们知道某些疾病，如梅毒，会摧残毁坏脑细胞，导致精神失常。实际上，大约半数的精神疾病可以归咎于此类器质性原因，如脑损伤、酗酒、中毒、外伤等。可是另外那半数呢？令人震惊的是另外那半数精神病患者，其脑细胞组织并没有任何的器质性病变。在他们死后进行的检查中，使用高倍显微镜研究他们的脑组织，竟发现他们的脑组织跟你我的一样健康。

那么，为什么这些人会精神失常？

我曾向一所著名精神病医院的主治医师请教，这位医师因在这一领域造诣深厚而享有盛誉。他坦率地对我说，他也不知道人为什么会发疯。没有人能说出确切的原因。不过，他确实这样说过：许多发疯的人在疯癫中找到了真实世界中无法获得的尊贵感。这位医生给我讲了一个真实的病例。

"我现在有个病人，她的婚姻是一个悲剧，她需要爱情、性满足和社会地位。可是现实生活摧毁了她所有的希望。她丈夫根本不爱她，他拒绝跟她一起用餐，强迫她到楼上房间服侍他吃饭。她没有孩子，没有社会地位。结果她疯了，在她想象的世界中，她跟丈夫离了婚，恢复了婚前的姓氏。现在她相信自己嫁给了英国贵族，并且坚持让别人称她为史密斯夫人。

"至于孩子，在幻想中也有了，现在她想象自己每天晚上都生了一个孩子。每次我去看她时，她都会说："大夫，昨晚我生了一个孩子。'"

生活曾让她所有的梦想之舟撞毁在残酷现实的锋利礁石上。可是，精神错乱后，在阳光明媚的梦幻群岛之间，她的希望之舟伴着风之歌，扬帆驶入海港。

这个故事悲惨吗？我不知道。她的医师对我说："即使我能治好她，让她恢复清醒，我也不愿意那么做，她现在比发疯前快乐得多。"

假如有人因过于渴望得到尊重而沦为疯子，而我们能够充分地理解其疯狂的一面，想象一下你我能够创造出什么样的奇迹。

美国商界第一个年薪超过百万元的人是查尔斯·斯瓦布（当时没有收入所得税，而且每周收入50美元就算很富裕了），年仅38岁的他被安德鲁·卡耐基选去担任刚成立的美国钢铁公司的首任总裁。（后来斯瓦布离开了美国钢铁公司，接手了当时深陷困境的伯利恒钢铁公司，又把它改造成了美国最赚钱的公司之一。）

安德鲁·卡耐基为什么宁愿一年支付100万美元，或者说一天3000多美元给查尔斯·斯瓦布呢？为什么？是因为斯瓦布是一位天才吗？不是。难道是因为斯瓦布比别人更精通钢铁业吗？无稽之谈。查尔斯·斯瓦布曾亲口告诉我，安德鲁手下有很多人对钢铁业的了解远胜于他。

斯瓦布说，他之所以能拿到如此高的薪金，主要是因为他处理人际关系的能力。我问他是怎么做到的，以下便是他亲口告诉我的奥秘——这些话应该永远被铭刻在铜牌上，挂在全国每个家庭、每所学校、每间商店和每个办公室里。孩子们应该把这些话铭记在

美国钢铁大王安德鲁·卡耐基

心，而不是浪费时间去记什么拉丁动词的变形和巴西的年降雨量。假如我们真能照这些话去做，你我的生活无疑会焕然一新。

"我能激发人们的热情，我认为这是我最宝贵的财富。"斯瓦布说，"让一个人的潜能得到最佳发挥的办法就是赞赏和激励！"

"最容易摧毁一个人的雄心壮志的，就是上司的批评。我从来不批评任何人，我坚信激励是促进人们工作的动力。因此我乐于赞美，讨厌吹毛求疵。要是我喜欢什么，我就会衷心地赞许，慷慨地表扬。"

这就是斯瓦布的做法。一般人会怎么做呢？恰恰相反。他们要是不喜欢某件事，就大声斥责。要是喜欢，他们就一声也不吭。正如古语所云："坏事一桩天下知，好事百件无人识。"

"我一生交往广泛，接触过世界各地的众多非凡人物，"斯瓦布说，"我发现，无论一个人多么伟大、多么尊贵，与遭到批评相比，赞扬和肯定能使其工作更加努力，表现更为出色。"

老实说，斯瓦布所说正是安德鲁·卡耐基能取得惊人成就的原因之一。安德鲁·卡耐基无论在私下里还是公开场合，都乐于称赞他的同事，甚至于不忘在自己的墓碑上称赞自己的助手。这是他为自己写的墓志铭："躺在这里的人知道如何把比自己更聪明的人聚合在一起。"

诚挚的赞赏是老约翰·D.洛克菲勒处理人际关系的成功秘诀。例如，他的合伙人爱德华·T.贝德福德决策失误，在南美洲错误投资，使公司亏损了100万美元，洛克菲勒当然有充分的理由批评贝德福德，但事情已经发生了，他也知道贝德福德已经尽力而为了。于是洛克菲勒竭力从此事件中寻找值得称赞的方面，

美国石油大王约翰·洛克菲勒

并为此向贝德福德表示祝贺，因为他为公司挽回了60%的投资。

"那已经很不错了，"洛克菲勒说，"我们不可能做每一件事都称心如意。"

我的剪报素材里有一个故事，虽然我知道它不是真的，但它说明了一个道理，因此我不妨说一说。

这个可笑的故事是这样的：有一个农妇，辛苦工作了一天之后，把一捆干草当做食物放在家里男人们的面前。男人们生气地问她是不是疯了，农妇回答说："嗨，我怎么知道你们会在意呢？20多年来我都在给你们爷儿们煮饭，这期间你们从来没有吭过一声，从来没有说过你们是不吃干草的。"

几年前有人对离家出走的妻子做过一项研究，你知道妻子们离家出走的原因是什么吗？"无人赏识"！我敢打赌，若是做有关丈夫们离家出走的研究，得出的结论也会完全一样。我们经常把配偶的付出视为理所当然，却从不向他们表达我们的感激和赞赏。

我们的一个学员谈起了他妻子曾提出的一个要求。她和同教堂的几个妇女一起参加了一个自我改善项目，要求丈夫给妻子列出六件应该加以改进的事，以帮助她成为一个更好的妻子。他在班里说："这样的要求令我吃惊。坦率地说，列出六件我期望她改进的事对我来说是轻而易举的——可是天哪，她可以举出1000件事好让我改进呢——我没那么做，而是跟她说：'让我想想吧，明天给你答复。'"

"第二天我起得很早，给花店打了个电话，让他们给我妻子送6朵玫瑰，并附留言：'我想不出有什么期望你改进的事情。我就爱这样的你。'"

"那天晚上回到家，你们猜是谁在门口迎接我？没错，是我的妻子！她几乎是泪流满面。不用说了，我很高兴自己没有按她要求的批评她。"

"接下来的那个周日，她在教堂向伙伴们汇报了她的作业结果，那几个和她一起上课的太太来找我，都说：'这是我听到的最贴心的事了。'也是从那时起，我真正意识到了赞美的力量。"

佛洛伦兹·齐格菲尔德，一个曾震惊百老汇的伟大的戏剧制作人，以其"让美国女郎异彩焕发"的点石成金之术而赫赫有名。他常常启用一些人们不屑多看一眼的貌不惊人的女子，把她们变成舞台上千娇百媚、神秘诱人的角色。他深知赏识和自信的价值，常以殷勤和体恤的感人力量让女孩们感到自我的美丽。另外他还很务实，把歌舞演员的薪金从每星期35美元提高到175美元。他颇具骑士风范，每逢时事讽刺剧开幕之夜，他都会发贺电给剧中的明星们，并让每一个参加表演的歌舞女郎都置身于红色玫瑰的花海中。

我曾一度赶潮流进行禁食，6个昼夜没有吃东西。其实并不难做到。到第6天时，好像还不如第二天那么饥饿难忍。我们都知道，假如有人6天内不让家人或雇员吃东西，那他准会觉得自己犯了罪。可是，他们却会6天、6星期甚至60年不对家人或雇员表示衷心的赞赏，殊不知他们渴望赞赏就像渴望食物一样迫切。

当年最优秀的演员阿尔弗雷德·郎特，在《重聚维也纳》中担任主角时，曾经这样说过："我最需要的就是增强自尊。"

我们会给孩子、朋友和员工提供身体所需的营养，可是我们何曾鼓励过他们增强自尊？我们用烤牛排和马铃薯增强他们的体力，却从未向他们表示过赞美。赞美的话语就像晨星奏出的乐音，会久久回荡在他们的脑海。

读到这里，有些读者可能会说："啊，呸，阿谀逢迎，油腔滑调，我都试过了，一点儿用也没有。对明白人一点也不管用。"

拍马屁那一套，当然骗不了明白人，那是肤浅、自私、虚伪的，本来就不该有用，而且通常也不会管用。可是有些人的确非常渴望得到赞美，可谓如饥似渴，就像饿极了的人会吃草和蚯蚓一样。就连维多利亚女王都未能免俗。首相本杰明·狄斯雷利曾经承认，对待女王，他常常是巧言令色。用他自己的话说，就是"不遗余力地恭维"。在曾经统治幅员辽阔的英国的人才中，狄斯雷利算得上是最精明能干的一个了，堪称同僚中的天才。对他管用的招数，对你我之辈却未必管用。就长远而言，阿谀奉承是弊大于利的。阿谀奉承是虚伪的，就像假币一样，你给别人假币，总有一天会惹祸上身。

赞美和奉承有什么不同呢？很简单。前者真诚，后者虚伪；前者发自内心，后者随口而出；前者慷慨，后者自私；前者深受欢迎，后者令人不齿。

最近，我在墨西哥城的查普尔特佩克宫看到墨西哥英雄阿尔瓦罗·奥夫雷贡将军[1]的半身雕像，底座上刻着将军的名言："不要害怕敌人的攻击，对你阿谀逢迎的朋友才令人害怕。"

我决不是教人去奉承拍马！绝对不是。我是在提倡一种新的

1　阿尔瓦罗·奥夫雷贡将军（Alvaro Obregon, 1880–1928），墨西哥军人、国务活动家和大牧场主，1920年成为墨西哥总统。奥夫雷贡是墨西哥最杰出的革命领袖之一。1928年再次当选总统，未及就职就死于暗杀。

本图为 1848 年匿名漫画，讽刺普鲁士亲王访问伦敦。

守护天使维多利亚

生活之道。我再重复一遍，我是在提倡一种新的生活之道。

英王乔治五世在白金汉宫的书房里贴着6条格言。其中一条是"教导我不奉承他人也不接受他人的谄媚"。所谓奉承就是"谄媚"。我曾看到过一条有关奉承的定义，或许值得一提："阿谀奉承就是让别人知道他是如何看待自己的。"

拉尔夫·沃尔多·爱默生[1]说："无论你使用何种语言，谈论的都是你自己。"

如果我们所要做的只是阿谀奉承，那任何人都能学会，都可以成为人际关系学专家了。

当不必思考其他问题时，我们通常会用95%的时间考虑自己。假如能暂停片刻，不去想我们自己，而是开始关心别人的优点，那我们就不会以奉承拍马为能事了。奉承拍马是那么廉价，那么虚伪，往往话还没说出口，就露出马脚来。

日常生活中最易被忽略的美德之一，就是赞美他人。不知为什么，当孩子们带回一张优秀的成绩单时，我们没能鼓励他们；他们第一次成功地烤制了蛋糕或做成一个鸟笼时，我们也没有称赞他们的能干。

父母的关心和鼓励，其实是最让孩子们高兴的事情。

下一次在会所吃到美味的菲力牛排时，不妨告诉厨师长他的手艺棒极了；当疲惫的售货员对你格外殷勤时，请记得表示感谢。

每一位牧师、演讲者和发言人都深有体会，要是一番慷慨陈

1　拉尔夫·沃尔多·爱默生（Ralph Waldo Emerson，1803－1882），生于马萨诸塞州波士顿附近的康考德村，美国思想家、文学家、诗人。爱默生是确立美国文化精神的代表人物。美国前总统林肯称他为"美国的孔子"、"美国文明之父"。

美国先哲爱默生

词之后却没看到听众有一丝赞赏的表示，他们是何等的失望和沮丧。对专家学者们适用的道理同样也适用于办公室、商店和工厂职员，同样也适用于我们的家人和朋友。在与人交往的过程中，我们务必要牢记，我们是在和人打交道，而人是渴望赞美的。这一点适用于所有人，也为大家所接受。

在每一天的生活中，尝试着留下些许感激的火花吧。你会惊奇地发现，它们将燃烧成友谊之火，照耀着你今后的生活之旅。

帕梅拉·邓纳姆来自康涅狄格州的新费尔菲尔德。她的职责之一是监督一个不够尽职的看门人。其他员工经常嘲笑他，还故意把门厅一带弄得杂乱不堪，好显得他的工作是多么不称职。这种情形真够糟糕，干活的宝贵时间就这么被浪费掉了。

帕姆拉想方设法动员看门人，可是徒劳无功。偶尔有一次，她发现他做得非常好，就当着所有人的面表扬了他。此后，他的工作做得一天比一天好，不久便大大提高了工作效率。现在他的工作很出色，同事们都认可他，欣赏他了。真诚的赞美达到了批评和嘲笑所达不到的效果。

伤害无法使他人改进，也决不是他们所期盼的结果。我把一段古老的格言剪下来贴在镜子上，每天都会看上几眼：

人的生命只有一次，因此，只要是有益于人的事情，只要是可以向人传达的善意，我应该马上去做；不要忽略，也不要拖延，因为一旦错过就永远错过。

爱默生说过："我遇到的每一个人在某一方面都有过人之

处，因此，我要向他们学习。"

　　若这一原则适用于爱默生，那你我之辈岂不是更该如此吗？不要去想我们自己的成就和需要，去关注一下别人的优点吧。忘掉虚伪的恭维、谄媚，而代之以由衷的诚恳的赞赏。做一个"衷心赞许、慷慨表扬"他人的人，人们对你会感念于心，把你所说的话铭记一生——多年以后即使你已经忘了，他们还会不时提起。

　　原则2　真诚地赞赏他人。

三、左右逢源之道

夏天我常去缅因州钓鱼。我很喜欢吃奶油草莓，水里的鱼却爱吃虫子。因此每次去钓鱼时，我想的不是我需要什么，而是鱼儿需要什么。我不会用奶油草莓做鱼饵，却会在鱼钩上挂一条小虫或是一只蚱蜢，放进水里，对鱼儿说："不想尝尝这个吗？"

为什么不用同样的策略去结识他人呢？

一战期间的英国首相劳埃德·乔治便是这么做的。有人问他，别的战时领袖们如威尔逊、奥兰多和克莱孟梭都已被人们淡忘，为什么他还身居权位呢？他的回答是：之所以他还官居高位，或许可归功于一件事，那就是他懂得根据鱼种类的不同去灵活选择鱼饵。

为什么只谈自己的需要呢？那是幼稚可笑的，也是荒唐的。当然，你在意自己的需要，永远如此。但别人对此毫不在意。要知道其他人也都像你一样：关心的只是自己的需要。

所以，世上唯一能影响他人的办法，就是讨论他们的需求，告诉他们如何满足自己的需求。

假如你想要求别人做某件事，千万要记住这点！比如，不愿意让孩子吸烟，你用不着教训他，只需告诉他吸烟可能使他进不了篮球队，或是赢不了短跑比赛就行。

无论是和一个孩子、一头小牛还是一只大猩猩打交道，你都应该记住这个诀窍。有一次，爱默生和他儿子要让一头小牛进牛棚，可他们犯了一个常识性错误，只想到自己的需要，没有考虑那头小牛的需要。于是爱默生推牛，他儿子拉牛。可那头小牛挺住四条腿，硬是一动不动地拒绝离开草地。就像它的主人一样，小牛也只想到自己的需要。旁边的爱尔兰女佣看到了这尴尬的情形。虽然她不会写书作文章，可是至少在那种情形下，她比爱默生更懂得牛马的习性。她想到了小牛的需要：她把手指放进小牛的嘴里，让小牛吮吸着手指，就这样温和地把它引进了牛棚。

从出生那一天起，你的一举一动出发点都是你自己，因为你需要有所得。要是你给红十字会一大笔捐款呢？一样的道理。你之所以向红十字会捐钱，是因为你想伸出援助之手，乐意去做一件美好、无私而又神圣的事。"善待我最卑微的兄弟，就是善待了我。"假如你不是对这种感觉的需要胜过对钱的需要，你就不会捐助。当然，也可能是你不好意思拒绝，或是由于顾客对你的请求。但有一点是确定无疑的：捐助是因为你想要有所得。

哈里·A.奥弗斯特里特教授，在他那部启迪人心的《影响人类行为》一书中写道："行为源于我们的基本欲望……对想要说服他人的人来说，最好的建议是：无论在商务活动、家庭生活、学校教育还是政治行为中，首先要做的就是激发对方的迫切需要。能做到这点，就可以左右逢源，否则只能踽踽独行。"

安德鲁·卡耐基，曾经是个贫苦的苏格兰小伙子，刚工作时酬劳只有每小时2美分，可后来捐献的钱款高达3.65亿美元。他很早就明白：影响他人的唯一方法就是站在对方的立场考虑问题。他只上过4年学却深谙与人交往之道。

安德鲁·卡耐基的嫂子曾为她的两个儿子担忧成病，他们都在耶鲁大学读书，只顾着自己的事情，忘了给家里写信，忽略了在家里焦急挂念的母亲。

安德鲁·卡耐基知道后，就以100美元和人打赌，他说即使不要求回信他也能收到侄儿们的回信。有人下了赌注，于是他给两个侄儿写了一封闲聊家常的信，还在信末随口说给他们每人寄去5元钞票一张。

可是，他并没有把钱装入信封。

"给亲爱的安德鲁叔叔"的信很快就来了，两个侄儿除了感谢叔父给他们寄钱之外还提到——不说你也明白。

还有一个说服他人的实例，发生在俄亥俄州的克里夫兰。斯坦·诺瓦克先生是我们的学员，有一天晚上他下班回到家里，发现小儿子蒂姆在发脾气，在客厅的地板上又是踢又是叫。孩子明天就要上幼儿园了，可他不想去，正在表示抗议呢。按平时的做法，斯坦会把儿子赶回他自己的房间，警告他最好听话，明天乖乖地去上学。可是那天晚上，斯坦意识到那样做无助于让儿子心情愉快地去上幼儿园，于是他坐下来，在心里琢磨着："我要是蒂姆的话，凭什么上幼儿园就让我感到激动不已呢？"他和妻子列举了蒂姆乐意做的所有事情，比如手指画、唱歌和交新朋友。然后他们就开始用这些东西做文章了。"我和妻子里尔以及另一个儿子鲍勃在餐桌上开始画手指画，玩得不亦乐乎。不一会儿，蒂姆开始在旁边偷看，接着就要求参加进来。'噢，不行，你得先上幼儿园学会手指画。'我调动所有的热情,把他爱做的事情——用他能理解的语言说了一通,让他知道在幼儿园里都能体会哪些乐趣。第二天早晨,我满以为我是起得最早的,谁知一下楼发现蒂姆坐在客厅的椅子上,睡得正香呢。'你在这做什么呀?'我问道。'我想去幼儿园,我不想迟到。'我们全家的热情激发了蒂姆急切的渴望,这是任何争论和威胁都无法做到的。"

也许明天你要劝说某人去做某件事,在你开口之前,不妨先问问自己:"我如何让他乐意去做这件事呢?"

这样问一下自己,我们就不致急于求成而喋喋不休地向人解说我们的想法,费尽口舌却徒劳无功。

我曾经租用纽约一家饭店的大舞厅,用于举办系列讲座,每一季租20个晚上。

某季度之初,我突然接到饭店的通知,要我支付3倍于过去的租金。可是得知这一消息时,演讲通告已经制定好,入场券也已经印好并发出去了。我当然不愿意支付增加的租金,可是和饭店谈我的想法有什么用呢?他们只关心自己的需要。两天后,我去见饭店的经理。

"接到你的信,我有些吃惊,"我对经理说,"但并不怪你,因为要是我处于你的位置,也会写出类似的信。你做经理的职责,是如何使这家饭店盈利。要是你不这么做,就会被解雇,而且也该被解雇。现在我们可以这么做:假如你坚持要加租的话,我们就把这件事对你的利和弊写在一张纸上。"

接着我拿出一张信纸,在纸中间划出一条线,把纸一分为二,在一栏的上端写上"利",在另一栏的上端写上"弊"。

我在"利"的那一栏写上"舞厅空着"几个字，然后接着说："你可以让舞厅空着随时备用，租给别人跳舞或举行会议，这有利可图。在这种情形下，你的收入显然要比租给我举办讲座多得多。假如我在这个季度占用大厅20个晚上，对你们来说无疑意味着错过更能挣钱的生意。"

"现在我们来谈谈'弊'吧，首先，你无法从我这里增加收入，反而会减少你的收入。事实上，你得把我这笔收入划掉，因为我付不起你所要求的高租金。我将不得不另找地方举办讲座。另外还有一项弊端，我的讲座吸引了很多有文化有教养的人到饭店来，对你来说，这岂不是做了一个好广告？其实，即使你花5000元在报纸上做广告，吸引到你饭店来的人也不会比我的讲座能吸引的人多。这对你的饭店来说不是很划算吗，是不是？"

我一边说一边把这两种弊端写在纸上，然后把信纸交给了经理，说道："希望你仔细权衡一下'利'与'弊'，然后把你最终的决定告诉我。"

第二天我接到饭店的信，告诉我租金只加50%，而不是300%。请注意，我对降低租金的想法只字未提却达成所愿。我自始至终谈的是对方的需要，说的是他们如何达到目的。

假如我是按照人通常的本能反应去处理，闯进饭店经理的办公室对他大嚷："入场券已经印好，通知也发布了，你增加我3倍的租金是什么意思？3倍啊，可笑！荒唐！我不付！"

这么一来又能怎么样呢？免不了一场唇枪舌剑的争吵，结果如何你也知道。即使我能说服饭店经理，让他意识到自己的错误，他受伤的自尊也很难让他做出让步。

亨利·福特像

亨利·福特[1]曾经说："假如有成功秘诀的话，那就在于有能力了解对方的立场，既能从自己的角度也能从对方的角度想问题。"这是关于人际关系艺术最好的一条建议。

这条建议的确是金玉良言，我想再重复一遍："假如有成功秘诀的话，那就在于有能力了解对方的立场，既能从自己的角度也能从对方的角度想问题。"

这句话是如此简单明了，任何人都能一眼看出其中的道理。可是，世上90%的人在90%的时间里都忽略了它。

要举例子来说明吗？看看明天早上放在你桌上的来信吧，你会发现其中大多数违背了这一常识性的原则。就拿下面这封信来说吧，它是一家广告公司的电台部主管写的，该公司在全美各地都有办事处。信是寄给全国各地方电台的经理的。（下面我在括号中注明了我对每一段话的反应。）

印第安纳州

布兰克维尔市

约翰·布兰克先生启

亲爱的布兰克先生：

本公司希望能继续保持在电台广告领域的领先地位。

1　亨利·福特（Henry Ford, 1863—1947），美国汽车工程师与企业家，福特汽车公司的建立者，也是世界上第一位使用流水线大批量生产汽车的人。他的生产方式使汽车成为一种大众产品，不但革命了工业生产方式，而且对现代社会和文化产生巨大影响。美国学者麦克·哈特所著的《影响人类历史进程的100人排行榜》一书中，亨利·福特是唯一上榜的企业家。

（谁在乎你公司希望什么呢？我正为着自己的多种问题在烦着呢！银行正准备取消我房产抵押的赎回权，害虫正在啃坏我的花草，昨天股市暴跌。早晨我误了八点一刻的火车，昨晚琼斯家的舞会没有邀请我，医生说我有高血压、神经炎而且头皮屑偏多。接下来呢？今天早上我忧心忡忡地来到办公室，打开信件后发现，一个纽约的傲慢家伙对我叫嚷他们公司想如何如何。我呸！他要是觉得这种信能给人留下什么印象，他就该从广告行业滚蛋，改行去做消毒液。）

本公司的广告客户遍及全国，形成了可靠的广告网络，我们不断买断电台的广告时间，得以多年保持在本行业的领先地位。

（你规模庞大、财大气粗并遥遥领先，对吧？那又怎么样？就算你像通用汽车公司、通用电气公司和美国陆军总参谋部加起来那么大，我也毫不在乎。假如你的脑子有蜂鸟的小脑袋那么好使，那你就该知道，我只关心我有多"大"，而不是你有多"大"。大谈你们的巨大成就真让我不舒服，明摆着就是寒碜我渺小，寒碜我无足轻重。）

我们希望以电台最新的信息来服务我们的客户。

（你希望！你希望！你这头蠢驴。对你希望什么或美国总统希望什么，我毫无兴趣。我干脆告诉你，我只关心我所希望的——在你这封荒唐的信里，你对这点没有提半个字。）

因此你不妨将本公司列入每周电台信息服务的优先名单，并告知有利于广告公司预订广告时间的每个有用的细节。

（优先名单？亏你敢说出口！你替你公司大吹大擂，已够让我感到自己寒碜了——接着你又得寸进尺，要我把你列入优先名单，你提要求时甚至连"请"字也不说。）

　　若从速回函，告知你方最新情况，对你我双方都有益。

　　（你这个蠢货！当我正在为房产抵押、花草虫害和高血压烦心的时候，你寄了这么一封信给我——这种信像秋天的落叶那样满世界飞——你竟敢要我坐下来亲自给你写信，要我按你的要求回函，而且必须"从速"办理。你说"从速"，是什么意思？难道你不知道，我跟你一样忙——至少我认为我很忙。再说了，谁给你这种不可一世的权力来对我发号施令？还说什么"对你我双方都有益"，你最后总算是想到我了，总算是提到我的想法了。可是关于如何对我有益，你却又来了个不明不白。）

你的衷心的

约翰·多伊

电台部经理

　　附注：随信附上《布兰克维尔报》的复印件一份，相信你会感兴趣，或许你愿意在电台广播播出。

　　（最后，在这则附注，你总算提到了或许可以帮助我解决问题的某个东西。为什么不把这个写在信的开头？——不过那又有什么用呢？任何广告公司的人，要是犯了像你这封信中那种愚蠢的毛病，脑神经一定有问题。你所需要的不是告知我们的最新状况的回函，而是一瓶用来治疗你的甲状腺肿大的碘酊。）

　　你瞧，假如专营广告业的人以及那些自以为是营销行家的人竟能写出这样的信，我们又怎么可能对屠夫、面包师或汽车技师有更多指望呢？

这里还有另一封信，是一家大型货运站的主管写给我的讲习班学员爱德华·弗迈伦先生的。这封信对收信人会有什么影响呢？先看这封信，然后我再告诉你。

纽约市布鲁克林区
前街28号泽雷格公司，
爱德华·弗迈伦先生启

先生：

本公司外运货物收货工作最近陷入困境，原因在于大部分交运货物的客户都是在下午很晚的时候把货送到，从而导致了货物堆积、员工工作超时、卡车运送迟缓等问题，有时甚至造成运货延迟。本站于11月10日收到贵公司交运的510件货物，送达时间为下午4点20分。

为克服收货延迟造成的不利影响，我们恳请贵公司予以合作。以后如交运上述数量的货物，希望贵公司能安排卡车提前到达我处，或让部分货物在上午运抵本站。

这样安排也有益于贵公司，既可以做到迅速卸货，同时又能保证你们的货物能在收到当日发运。

您真诚的
J-B-主管谨上

看过这封信后，泽雷格之子公司的营销经理弗迈伦先生，把信交给了我，还在信上加了以下批注：

本书作者戴尔·卡耐基

　　这封信所达到的效果与初衷恰恰相反。信的开头陈述了货运站的种种困难，一般来说我们对此并不感兴趣。对方要求我们予以合作，却丝毫没有想到是否给我们造成不便。直到信的最后一段才说，假如我们合作，就可以做到迅速卸货，并能保证货物在收到的当日发运。

　　换句话说就是，把我们最关心的事放到最后才提，这不但起不到激励合作的效果，相反还会导致抵触情绪。

　　我们来看看能不能重写以改进这封信的效果。我们不需要浪费时间谈自己的麻烦，而是像亨利·福特曾经说的那样"了解对方的立场，能从自己的角度也能从对方的角度想问题。"

　　以下是那封修改后的信，也许不是最好的，但还是有所改善的。

　　亲爱的弗迈伦先生：

　　14年来贵公司一直是敝站的优秀客户。我们非常感激贵公司的惠顾，并竭力为贵方提供应有的快捷有效的服务。然而，我们要遗憾地知会贵方，如果贵公司卡车傍晚才将大批货物运至敝站，像11月10日那样，我站恐怕就难以提供快捷有效的服务了。因为许多其他客户也是下午到达，这样难免会造成阻塞。这意味着贵公司的卡车难免会在码头受阻，甚至导致货物不能按时运送。

　　这种情形很糟糕，但并非不可避免。如有可能，希望贵公司能在上午将货物运往码头，贵方的卡车可以畅通无阻，交运的货物能得到及时处理，而散站的员工晚上也可以早点回家品尝贵公司出品的美味通心粉和面条。

无论贵公司货物何时运达，我们都竭诚为贵公司提供快捷服务。

知您业务繁忙，不劳费神赐复！

您的忠实的

J-B-主管谨上

芭芭拉·安德森在纽约一家银行工作，由于儿子的健康问题，她想搬到亚利桑那州的菲尼克斯去。她运用在我们的讲习班学到的原则给菲尼克斯的12家银行写了下面这封信：

尊敬的阁下：

作为一家迅速发展的银行，贵行或许会对我10年的银行工作经验有兴趣。

我在纽约的美国信孚银行从事过各项银行业务，一直做到了现在的分行经理，全面掌握了银行业务各环节的技能，包括处理客户关系、信贷业务和行政管理能力。

我将在5月份移居到菲尼克斯，我相信我的加盟能有助于贵行的发展与盈利。我将于4月3日那一周到达菲尼克斯。希望有幸能与阁下面谈，以确定我可否为贵行的发展助一臂之力。如有机会，我将感激不尽。

您诚挚的

芭芭拉·安德森

　　你认为安德森夫人的信能收到回复吗？12家银行中有11家邀请她去面试，她拥有接受哪一家银行的选择权。为什么会这样呢？安德森夫人在信中并没有提到她想要得到什么，只是表明她能如何帮助银行发展，她关注的是银行的需求，而不是她自己的利益。

　　每天都有成千上万的推销员在街上奔波，疲惫而又沮丧，工资也少得可怜。为什么会这样呢？因为他们心里只想着自己的需要，却没有意识到其实对方并不想买东西。如果我们想买什么，我们会自己出去买的。我们所关注的，也总是解决自己的问题。假如推销员能让我们感觉到，他的服务或货物确实能帮我们解决自己的问题，不需要他喋喋不休地向我们推销，我们也会主动买的。顾客们都喜欢自己主动买的感觉，而不喜欢被别人强卖。

　　可是很多人搞了一辈子的销售，却始终没有从顾客的角度看问题。例如，我曾经在大纽约中心的一个叫"森林山庄"小型私人住宅区住过很多年。有一天，在赶往车站的路上，碰巧遇到一个房地产经纪人，他在那一带从事房地产买卖很多年了，对我住的"森林山庄"住宅区很熟悉，因此我在匆忙中问他，我住的那幢灰泥墙房子是金属板网结构还是用空心砖建造的。他说他不知道，但我可以向"森林山庄"庭院协会询问——这一点我早就知道了。第二天早晨我收到他的一封信。莫非他要把我想知道的信息告诉我？这不需要写信，花60秒钟打个电话给我就行了。可他没有那么做，还是叫我打电话去问协会，然后他要求我让他办理我的保险业务。

　　他无意帮我的忙，他只在乎能否达成自己的目的。

　　阿拉巴马州伯明翰市的J.霍华德·卢卡斯曾告诉我，同一家公司的两名推销员是怎么处理同一种情况的。

"几年前我在一家小公司当经理。我们附近是一家大保险公司的地方办事处。他们的代理商都有各自的分管区，其中有两个人负责我们公司，暂且称他们为卡尔和约翰好了。"

"一天早上，卡尔来到我们公司，无意中说起他的公司刚开办了一项针对行政主管的人寿保险新品种，他估计我们以后可能会感兴趣，说等有了进一步的消息再回来告诉我们。"

"同一天，工间休息时间，约翰喝完咖啡正往回走，看见我们在人行道上，就大声对我们说道：'嘿，卢克，等等，我有好消息要告诉你们。'然后急忙跑过来，兴高采烈地说起了他的公司刚办的经理人寿保险。（卡尔漫不经心地提到的正是同一项保险。）他希望我们能率先办理，得个头彩。他跟我们讲了讲保险范围之类的重要情况，最后说：'这个保险是最新的，明天我会让总公司派个人来作详细解释。现在，你们可以先在申请单上签个名儿，好让他有更多信息可以利用起来为你们服务。'尽管我们还不了解具体情况，但约翰的热情却激发了我们想要购买这份保险的渴望。了解详情之后，事实证明约翰当初对这份保险的理解是对的。他不仅卖给我们每人一份保险，后来还把我们的保险范围扩大了一倍。"

"本来卡尔是可以卖出这些保险的，可是他没有做任何努力来唤起我们的购买欲。"

这个世界的人大多只知掠夺，自私自利。因此，极少数无私帮助他人的人，反倒占有巨大的优势。他的竞争力几乎无可匹敌。著名律师兼美国商界领袖之一欧文·D.杨曾说过："谁能设身处地为他人着想，理解他人的想法，谁就永远不必为未来担忧。"

维吉尔像

假如通过阅读本书，你能有一点儿收获，即逐步学会从他人立场看待问题，从他人角度来思考事情。假如你能从本书学到这么一点，那么，这准会为你的职业前程奠定坚实的基础。

从他人的立场看问题，唤起他人对某个事物的热情，不能被理解为纯粹是利用他人，好让他做只对你有益而对他不利的事情。双方都应该从协商中获利。在给弗迈伦写信一事中，写信人和收信人按建议办，结果是双方受益。安德森太太写信求职一事，也实现了双赢，银行得到一个能干的职员，安德森太太则找到了一份合适的工作。在约翰向卢卡斯先生推销保险一事中，双方也是各有所得。

关于唤起需求使双方受益的原则，还有一个实例，那就是罗德岛州沃里克市的迈克尔·E.惠登。他是壳牌石油公司的地区推销员。迈克尔想成为该地区的销售冠军，可是有一个加油站总是拖后腿。该加油站由一个上了点年纪的人经营，无论怎么劝说，他都油盐不进，不肯整治一下加油站。加油站状况糟糕，销售额自然明显下降。

迈克尔再三恳请这位经理提高设备档次，他却置若罔闻。多次的劝告和恳谈，都犹如对牛弹琴。于是，迈克尔决定邀请经理去参观他辖区内最新式的壳牌加油站。

新加油站的设施给那位经理留下了深刻印象。等迈克尔再次拜访他时，他的加油站已整饬一新，销售额也有所增加。就这样，迈克尔成为地区销售冠军的心愿得以实现。费尽口舌，谈来谈去，却无济于事。让那位经理到现代化加油站开开眼界，激发他的迫切需要，迈克尔却得以实现了心愿，他和经理双方都受益匪浅。

本画展示的是但丁和维吉尔在地狱见到的情景，那些有罪之人正在地狱的水中受熬煎。

《维吉尔带领但丁游历地狱》｜法国｜古斯塔夫·多雷

大多数人上完大学，学会了读维吉尔[1]的作品，了解了微积分的奥秘，却搞不明白如何让自己的想法发挥作用。比如，我曾给年轻的大学毕业生们上过一门叫"有效沟通"的课程，当时他们正要去一家生产空调的大公司——凯利公司上班。其中有个学员想说服其他人在业余时间打篮球。他是这么说的："我想让你们来打篮球。我喜欢打篮球，前几次去体育馆，我们总是凑不够人数好打一场比赛。几天前的晚上，就那么两三个人，我们只能随便打打，我还把眼睛打青了呢。我希望明晚大家都能来打球。我很想打篮球。"

他说到你感兴趣的事了吗？谁都不想去体育馆，你也不想去，对吧？你并不在乎他想要什么，你也不愿意把自己的眼睛打青了。

他能让你知道去体育馆你会有何收获吗？当然能，你会更有活力、更有胃口、头脑更清晰。还有，你会玩得很开心，可以打篮球比赛。

再重温一遍奥弗斯特里特教授的至理名言："首先激起他人心中的渴望。为之，则左右逢源，不为则独行其道。"

我有一个学生老是担心他的儿子。小男孩体重过轻，却不肯乖乖的吃饭。父母用的是通常招数：抱怨加唠叨。"妈妈希望你吃这个、那个！""爸爸希望你长得又高又大！"

那男孩会理睬这些请求吗？他不会在意这些的，就像你不会关注沙滩上的一粒沙子。

凡是有一丁点常识的人，都不会指望一个3岁孩子对30岁父亲

1　维吉尔（公元前70年-公元前19年），古罗马奥古斯都时期最伟大的诗人，著有长诗《牧歌》、《爱奈特》、《伊尼特》，史诗《埃涅阿斯纪》。

的观点有所回应。然而这却是那位父亲所期望的。这很荒谬。好在那父亲终于明白了这一点。因此他告诉自己："孩子需要的是什么呢？我该如何把我的需要和他的需要结合起来呢？"

一旦做父亲的开始想到这点，问题就好解决了。他儿子有一辆三轮自行车，喜欢在屋前的人行道上骑着车子来来回回地玩。间隔几家有一个邻居，家里有个稍大点的孩子，是个小霸王，他总是把小男孩从三轮车上拽下来，好自己骑车玩。

小男孩自然会哭着跑回家，向妈妈哭诉一番。他妈妈就会把那个小霸王拉下车，让自己的孩子骑上去。这样的情形几乎每天都有。

小男孩需要的是什么？这问题恐怕不需要福尔摩斯作答。他的自尊、他的愤怒、他对自豪感的渴望——天性中这些最强烈的情绪，驱使他想要报仇雪恨，去把那个坏小子的鼻子揍扁！父亲告诉他，只要他吃下妈妈要他吃的东西，他就会快快长大，将来准能把那个坏小子一拳打翻，在父亲对这点打了包票之后，孩子不肯吃饭的问题也就迎刃而解了！现在那孩子什么都爱吃，菠菜、泡菜、腌鲭鱼，什么都吃，只要能让他快快长大，好去把那个坏小子揍扁。

这个问题解决之后，他的父母又着手解决另一个问题：小男孩有尿床的坏习惯。

小男孩跟奶奶睡。每天早上，祖母醒来后就会摸摸床单，对他说："瞧瞧，乔尼，昨晚上你又干什么了？"他总是说："不是我干的。是你干的。"

责骂、打屁股、奚落，或者唠叨说父母不希望他那样，所有

微笑男孩

招数用尽了，乔尼还是老一套，就是改不了尿床的毛病。于是乔尼的父母开始自问："怎样才能让乔尼这孩子自己想要改掉这个毛病呢？"

他有哪些愿望呢？首先，他要穿父亲那样的睡衣裤，而不是穿祖母那样的睡袍。祖母受够了他晚上尿床，如果能让他改掉坏习惯，她会很乐意替他买套睡衣。其次，他要一张属于他自己的床，奶奶对这点也不反对。

于是妈妈带乔尼去了布鲁克林的一家百货商店，一边对女店员使眼色，一边说："这位小绅士要买点儿东西！"女店员郑重其事地问他："年轻人，您要买些什么？"乔尼踮起脚让自己显得高一点，说："我想给我自己买张床。"当女店员介绍到乔尼妈妈中意的一张床时，他妈妈又向女店员使了个眼色，于是女店员就说服乔尼把它买了下来。

第二天，床就送到了。当天晚上，父亲回家时，乔尼跑到门口，大声地喊着："老爸，老爸，快上楼来看看我自己买的床！"父亲看到那张床，按照查尔斯.斯瓦布的忠告，给予了"由衷的赞许和慷慨的表扬"。

"你准不会再弄湿这张床了，对吧？"父亲说。

"噢，不会的，我不会再尿湿这张床了。"小男孩说话算数，因为这涉及自尊心。那是他自己的床，是他自己买的。现在他穿着睡衣，就像个小男子汉。他想像个男子汉一样。他做到了。

还有一位父亲，叫K.T.都施曼，一个电讯工程师，也是我们的学员。他的烦恼是3岁的女儿不肯吃早餐。责骂、恳求或是哄劝，这些平常招数都无济于事，父母扪心自问："怎样才能让她乐意吃饭呢？"

这个小女孩喜欢模仿妈妈，喜欢那种长大成人的感觉。于是，一天早晨父母把她抱到一张椅子上，请她来做早餐，这正合孩子的心意。在小女孩做早餐的时候，父亲悄悄地走进厨房，她搅动着麦片对父亲说："老爸，你看——今天早上我做的早餐是麦片粥！"不用任何人哄劝，她乖乖地吃了两碗粥，就因为她乐意。做早餐让她自豪，让她找到了表现自己的途径。

威廉·温特尔[1]曾说过："自我表现是人性中最主要的需求。"为什么我们不能将这一特点应用于商业交易呢？当我们有了绝妙想法的时候，不要让他人觉得是我们的功劳，让他们自己去琢磨这个点子。那样他们就会觉得是自己的主意，就会喜欢它，愿意加倍努力地去落实它。务必记住："首先要激起他人心中的渴望。为之，则左右逢源，否则就四处碰壁。"

原则3　激起他人心中的渴望。

1　威廉·温特尔（William Winter，1836-1917），美国评论家，被认为是纽约最重要的戏剧评论家。

西奥多·罗斯福总统

第二章

赢得他人的喜爱

一、爱人者，人恒爱之

只有阅读本书才能了解交友之道吗？为什么不研究研究世上最有人缘者的方法呢？谁最有人缘？明天你就有可能在街上碰到他。在离你还有10英尺的地方，他就开始对你摇头摆尾了。要是你停下来轻轻地拍拍他，他就会欣喜若狂。而你很明白，他奉献的情感决不会别有用心：不是想向你兜售房产，也不是为了跟你结婚。

你是否认识到狗是唯一不需靠工作谋生的动物？母鸡得下蛋，奶牛要产奶，金丝雀则要唱歌。而狗只需献出爱。

5岁时，父亲花50美分给我买了一只小黄狗。它是我最好的朋友，让我的童年无比快乐。每天下午约4点半的时候，它就会到前院坐着，漂亮的眼睛一直盯着小路。一旦听到我的声音或者看到我拎着饭盒穿过树丛，它就会箭一般地冲出来，连蹦带跳地欢迎我，兴奋得汪汪直叫。

蒂皮陪伴了我5年。在一个我永远无法忘记的悲伤的夜晚，蒂皮死了，被距我头顶10英尺高的闪电击中。蒂皮的死是我童年生活的一场悲剧。

蒂皮，你没读过什么心理学书籍，你也不需要去读。凭借直觉你就懂得这一点：真诚地关心他人，两个月内你就能结交更多的朋友，而不用耗费你两年的时间去引起别人的关注。我要再次强调这一点：真诚地关心他人，两个月内你能结交的朋友，要比耗费两年时间让别人关注你而结交的朋友更多。

当然，你我都清楚，人终其一生都在费尽心思让别人关注自己。这样怎能交到朋友？旁人对你我都没有兴趣，不管什么时候，他们只关注自己。

纽约电话公司曾就接听电话进行了一项详尽的研究，以确定其中使用频率最高的词语。你肯定能猜到：人称代词，"我"。"我"、"我"、"我"，在500次通话当中人们使用了3900次"我"。在看一张包括自己在内的集体照时，你会先去看谁呢？

如果我们只想给别人留下好印象以期获得关注，就不可能交到真心实意的朋友。

拿破仑曾试过那么做。在最后一次与约瑟芬会面时，他说："约瑟芬，我曾经是世上最幸运的人。可是现在，你是这世上我唯一信赖的人。"历史学家却怀疑他是否真的信赖约瑟芬。

维也纳著名心理学家阿尔弗雷德·阿德勒写过一本题为《生活对你意味着什么》的书。书中写道，"凡不关心他人之人，其一生必遭遇艰难困苦，并给他人造成莫大伤害。这类人乃是一切人道衰败之源。"你可能读过很多心理学专著，却不曾读过这样一段意义深远的话。阿德勒的话意味深长,我愿意在此重申:凡不关心他人之人,其一生必遭遇艰难困苦,并给他人造成莫大伤害。这类人乃是一切人道衰败之源。

我曾在纽约大学修过一门短篇小说写作课程。学习期间有一位主流杂志社的编辑给我们做过一次讲座。他的办公桌上每天都堆放着十几篇故事,从中拿起任意一篇来,只需读上几段他就能感觉到作者是否关注他人。"如果作者对人不感兴趣,"他说道,"人们也不会关心他写的故事。"

这位深谙世故的编辑在讲座过程中两次停下来为自己的说教致歉。"我说的也许是套话。但是请诸位记住,是否关心他人才是你小说创作成功的关键。"

如果这一点适用于小说创作,也肯定适用于人与人之间面对面的交往。

霍华德·瑟斯顿在百老汇最后一次登台演出时,我一直待在他的化妆间里。瑟斯顿是举世公认的魔术表演泰斗。40年来他在世界各地一次又一次地为观众创造出魔术幻景,让观众眼花缭乱,目瞪口呆。已有超过6000万人买票观看他的表演,他的收益也将近200万美元。

我向瑟斯顿先生请教其成功之道。学校教育显然与此关系不大,因为他从小离家出走,过着流浪的生活,扒货车,睡草堆,挨家挨户地乞讨。通过看车厢外铁路沿线的指示牌才学会了认字。

瑟斯顿先生是否掌握了更高超的魔术技巧呢?完全没有,他说,关于魔术技巧的书籍成百上千,与他水平相当的也有好几十人。但他的确拥有两样别人缺乏的东西。一是在舞台上他能够完全发挥自己的个性。他是一位表演大师。他了解人的本性。他的每个动作，每个手势，每一种语调，每一次眉眼的挑动都认真细致地排练过，每个动作都精确到秒。二是他真心地关注观众。他说，许多魔术师面对观众时都会对自己说："看呐，下面坐着的不过是群傻瓜，乡巴佬，我肯定能糊弄住他们。"瑟斯顿先生的想法与之截然不同。每次登上舞台，他都要告诉自己："我感谢他们来看我的演出，是他们让我这样快乐地谋生。我要尽最大努力给他们呈现最棒的演出。"

他说每次登上舞台前都要对自己反复强调一句话："我爱观众。"这很荒唐可笑吗？你怎么想都行。我只是把有史以来最负盛名的一位魔术大师的秘诀透露给你们，不作任何评论。

宾夕法尼亚州北沃伦的乔治·戴克在加油站工作了30年，由于要在那里修建一条公路，他不得不退休。退休后百无聊赖的生活很快就让他厌烦了。于是乔治拿出了自己那把旧琴，以拉小提琴打发时间。不久之后他开始四处走访，欣赏音乐，与颇有造诣的小提琴手们交流。他谦逊友善，乐于了解他遇到的每一位乐手。尽管自己的小提琴演奏并不出色，乐于沟通交流的个性还是帮助他结交了不少朋友。他积极参加比赛，很快就为美国东部乡村乐迷们所熟知，被称为"拨弄小提琴的金祖亚乔治大叔"。我们听说乔治大叔的故事时，他已经72岁，每时每刻都在享受着生活。正是借由对他人持久的关注，乔治大叔为自己开创了新的生活，而大多数人都认为到了这个年纪，人已经无法有所作为了。

这也是西奥多·罗斯福拥有极高声望的秘诀之一。就连仆人们也非常喜欢他。他的贴身侍从詹姆士·E.阿莫斯写了一本书，

魔术大师霍华德·瑟斯顿

题为《西奥多·罗斯福——仆人心中的英雄》。书中讲述了一件对读者很有启发性的事：

　　我妻子曾问过总统先生，美洲鹑是什么样的鸟儿，因为她从来没见过这种鸟。总统先生给她仔细地描述了一番。没过多久，小屋里的电话响了。（阿莫斯和妻子住在牡蛎湾一处属于罗斯福地产的小屋里。）我妻子拿起了电话，是罗斯福先生本人打来的电话。他说之所以打电话就是想告诉她，在我家窗外停着一只美洲鹑，往窗外一探头就能看见它。罗斯福先生就是这样一位在细微之处见关爱的人。每次经过我们的小屋，即使我们没看见罗斯福先生，也会听见他的声音，"哦-哦-哦，安妮？"或是"哦-哦-哦，詹姆士！"那是他学着美洲鹑的叫声亲切地跟我们打招呼。

　　下属怎会不爱戴这样的上司？又有谁会不喜欢这样的人呢？一天，罗斯福到白宫拜访塔夫脱总统夫妇，不巧他们都不在。罗斯福叫出了每一个白宫老仆人的名字，向他们一一问好，就连帮厨也不例外。这件事恰恰体现了他对下属们的真诚关爱。

　　"一看到厨房女仆爱丽丝，"阿奇·巴特写到，"他便问她是否还做玉米面包。爱丽丝告诉他，有时候给仆人们做点，可楼上的人不吃玉米面包。"

　　"'他们真不懂美食，'罗斯福用浑厚的嗓音说道，'下次见到总统时我就这么跟他说。'爱丽丝用盘子给他端来一块面包，他拿着面包边吃边向办公室走去，一路上向经过他身边的园丁和工人们打着招呼……"

西奥多·罗斯福漫画像

"他像过去一样同每个人问好。"曾在白宫当了40年招待员领班的艾克·胡佛含着泪说道:"那是近两年来我们唯一快乐的日子。就是拿百元大钞来换,我们也不愿意。"

来自新泽西查塔姆的销售代表小爱德华·M.赛克斯也因关注小人物而挽回了一位客户。"多年以前,"他说道,"我负责强生公司在马萨诸塞地区的客户走访工作。其中一位客户是欣厄姆镇的一家药店。每次我到那家药店去,都要先跟店员们聊一会儿,之后再去找店主商谈订单事宜。一天,我又去拜访那家药店,店主却拒绝订货,他说不想再购进强生公司的产品了,因为他觉得强生公司的促销活动偏向那些食品店和折扣店,对他们这些小药店很不利。我沮丧地离开了药店,开着车围着小镇绕了好几个钟头的圈子。最终,我还是决定回药店去,至少我得向店主解释说明我们公司的态度。

"我回到那儿,走进药店,像平常一样跟店员们打招呼。见到店主时,他笑着欢迎我回来。接着他交给我一份订单,是平常订购量的两倍。我吃惊地看着他,想知道在我离开后的几个小时里发生了什么事。店主指着那个站在冷饮柜旁的年轻人说,我离开药店后,小伙子告诉他,很少有推销员来药店时还跟店员们打招呼的,我却总能关注到他们。如果有谁应该得到订单,那非我莫属。店主对此表示认同并从此成为我的忠实客户。我永远牢记这一点:销售人员应该拥有的重要品质之一就是真诚地关心他人,这种品质也是其他人应该具备的。

我自己的经历也证明,真诚地关心他人能帮助你获得知名人士的关注,赢得与他们合作的机会。

　　几年前我曾在布鲁克林文理学院教授小说写作课程。我和学生们希望能邀请到如凯思琳·诺里斯、范妮·赫斯特、艾达·塔贝尔、艾伯特·佩森·特休恩以及鲁伯特·休斯这样炙手可热的著名作家到学院讲学，谈谈他们那些令人获益匪浅的经历。于是，我们给这些名家写信，表达了喜爱他们的作品，渴望了解他们的成功奥秘并得到指点的心情。约150名学生在每一封信上都签了名。为了方便作家们准备讲稿，我们还随信附上一系列需要他们解答的问题。各位名家对这一点感到非常满意，纷纷来到布鲁克林，为我们开设讲座。

　　我还用同样的方法说服了西奥多·罗斯福的内阁财政部长莱斯利·M.肖、塔夫脱内阁司法部长乔治·W.威克沙姆、威廉·詹宁斯·布赖恩、富兰克林·D.罗斯福等许多杰出人士来到我的课堂为学生们演讲。

　　我们每个人，无论你是工厂的工人，办公室的职员，还是国王，都对那些崇拜我们的人喜爱有加。就以德国皇帝为例吧。第一次世界大战结束时，他也许最为世人所鄙视，甚至在他自己的祖国也被敌视，只能逃到荷兰以保全性命。广大民众对他恨之入骨，恨不能将他五马分尸，烧成灰烬。就在一片倒戈声中，他收到了一个男孩写给他的一封信。孩子率直而诚挚地表达了对皇帝的崇敬，他说，不管别人怎么想，他都会把威廉当做自己的皇帝来爱戴。威廉皇帝非常感动，邀请孩子前往荷兰拜见他。男孩与母亲一起拜见了皇帝，后来皇帝与孩子的母亲结了婚。这个男孩懂得如何结交朋友并影响他人，完全不需要书本的指导。

　　当温沙公爵还是英国王储（威尔士亲王）时，曾计划巡访南

德意志皇冠

美。为了能用西班牙语给当地民众发表演讲，他花了好几个月的时间学习这种语言。南美人民因此而敬爱他。要想结交朋友，就得为他人着想，乐于奉献，情愿为了他人，无私地付出自己的时间和精力。

几年来，我一直有心要记住朋友们的生日。怎么做才能达成我的心愿呢？尽管根本不相信什么占星术，我还是利用它开展我的计划。首先我会问对方是否相信出生日期与个人性格脾气有关联，接着请他们说出自己的生日。如果他们说是11月24日，我就不停地默念："11月24日，11月24日。"只要朋友一转身，我就把他们的名字和生日记下来，之后再转登到一本生日记录簿里去。每次新年伊始，我就把这些日期记在日历本上以提醒自己关注朋友们的生日。于是，在每年那个特别的日子里，朋友们都会收到我的贺信或是贺电。那是多大的惊喜啊！我也因此屡次成为世界上唯一一个记得他们生日的人。

热情而充满活力地向人们问好有助于我们结交朋友。在接听电话时也应该这么做，比如用愉快的语调说声"你好！"，表示你非常高兴接到对方打来的电话。很多电话公司在训练接线员时都要求他们使用充满关切与热情的声调为客户服务。这使客户觉得电话公司对他们很关注。我们以后接听电话时也要记得这么做。

纽约的北美国家银行在其发行的刊物上登载了储户马德琳·罗斯代尔寄来的一封信：

"感谢贵行各位员工！他们彬彬有礼，乐于助人。在长时间的排队等待之后，能有人向我亲切地问好，使我感到非常愉快。去年，我母亲因病住院5个月，我不得不经常来你们这找出纳员玛丽·彼得鲁乔办事。她非常关心我妈妈，不时向我询问她的病情。"

谁会质疑罗斯戴尔太太是否会继续光顾这家银行吗？我们认为，对他人的真诚关爱不仅会为你赢得朋友，也有可能为你的公司培养一位忠实客户。

查尔斯·R.沃特斯是纽约市一家大银行的职员，奉命撰写一份关于某公司的机密报告。他了解到只有该公司总裁一人掌握着他迫切需要的材料，于是前去拜会该总裁。他刚被引进办公室，一位年轻女士就从门外探头进来，对总裁说今天没有收到邮票。

"我在帮12岁的儿子收集邮票。"总裁对沃特斯解释说。沃特斯对总裁说明了此次拜访的目的并开始询问有关信息。但显然总裁有些心不在焉，回答得既笼统又含糊，根本无心交谈。访谈只得草草结束，沃特斯一无所获。

"坦白地说，我不知道该怎么办。"沃特斯在学习班里讲述了这件事。"后来，他秘书的话启发了我——邮票，12岁的儿子……我们银行外事部也在收集邮票——那些漂洋过海来自世界各地的邮票。第二天下午我再次拜访总裁并捎话说我给他儿子带了几张邮票。"

"先生们，我受到了热情的接待吗？当然。总裁亲切地握着我的手，和蔼地笑着，仿佛在参加国会竞选。"

"'乔治一定喜欢这张。看看这张，真是不可多得。'总裁轻轻抚摸着那些邮票，不住地说。"

"我们花了半小时谈论邮票，欣赏他儿子的照片。接下去的一个多小时里，根本无须我提醒，他就把我想了解的所有信息都告诉了我。先是叫来了下属，又打电话给合伙人，向他们询问有关情况，还给我提供了大量资料、数据、报告和相关信函。用新闻记者的话说就是，我得到了独家报道。"

下面再给大家举个例子。

费城的C.M.小纳普尔一直想把燃油出售给一家大型连锁公司。可是几年来那家公司始终只跟一家外地经销商合作，运货车辆还总从纳普尔先生的办公室门口经过。

有次上课前纳普尔先生把对那家公司的愤恨一股脑地倒了出来，把他们斥为国家的祸害。

显然他还是没明白为什么对方不跟自己合作。

我建议他改变策略。我要求学员们举行一场辩论赛，主题是连锁店的扩张对国家是否弊大于利。按照我的建议，纳普尔选择反方，为连锁店辩护。以下是事情的经过。

纳普尔直接找到他所鄙视的那家连锁公司主管，说："我不是来卖燃油的，只是想请你帮我个忙。"纳普尔跟他说了有关辩论赛的事，并一再强调说："我来找你是因为只有你才能提供我所需要的信息。我希望能在辩论赛中获胜，无论你给予我何种帮助，我都会万分感激。"

接下来就由纳普尔先生讲述后面的故事吧。

"原先我只请求那位主管能抽一点点时间见见我。他也因此才同意见我。可在听我陈述了我方辩论的理由后，他示意我坐下，和我谈了整整1小时47分钟。他还请来了另一位主管，那位先生写过一本有关连锁店的书。他又给国家连锁店协会打电话，帮我弄到了一份有关这次辩论主题的材料。他认为连锁店给人类提供了真正意义上的服务，并以自己能为许多社区服务为荣。他两眼放光，侃侃而谈。我得承认他让我理解了我原先不屑一顾的事物，开阔了我的眼界，改变了我的态度。在我告辞准备离开他办公室时，他揽着我的肩膀把我送到门口，祝我比赛顺利，还邀我有空再去看他，跟他说说比赛中的表现。他对我说的最后一句话是：'春天时再来找我吧，我想从你们那订购燃料。'"

"我大吃一惊，这次我根本没提这件事，他却主动提出了订购燃油的意向。对他和连锁店的关注使我在短短两小时内就取得了巨大进展，他对我本人和我卖的商品都产生了兴趣，这是我花十年时间也没做到的事。"

纳普尔先生的发现并不新奇。在遥远的公元前100年，古罗马诗人普布里乌斯·西鲁斯就曾说过："爱人者，人恒爱之。"

对他人的关心，同人际关系学里其他任何准则一样，必须是真诚的。它让施与者与接受者都获益匪浅。就像双行道，双方都受益。

在纽约长岛参加我们学习班的马丁·金斯伯格在发言中提到，一位护士给予他的特别关照对他影响巨大。

"10岁那年的感恩节，我躺在市立医院的福利病房里，准备第二天接受一次外科矫形大手术。在未来的几个月里我都得躺在病床上，独自忍受疼痛，慢慢恢复。父亲去世了，我和母亲靠着福利救济在一套小公寓里相依为命。动手术那天妈妈也不能来看我。她一个人待在家里，担心着我，没有人陪伴，也没有钱吃一顿感恩节晚餐。

"那天过得很慢，孤独、绝望和恐惧把我压垮了。泪水涌了

《悲伤的女人头像》｜意大利｜柯勒乔

出来，我只能把头深深埋在枕头下面，躲进被子里悄声地哭，哭得非常伤心，全身都感到疼痛难忍。"

"一位年轻的实习护士听到我的啜泣就走了过来。她拉开被子，给我擦干眼泪，问我是否愿意跟她一起吃晚餐，她说由于值班而不能和家人在一起，她也感到非常孤独。她拿来两盘食物：切成薄片的火鸡、土豆泥、越橘酱，还有甜点、冰激凌。她陪我说话，努力平息我的恐惧。尽管下午4点钟就可以下班回家了，她还是一直陪着我做游戏，跟我聊天，直到晚上11点我睡着后她才离开。"

"从那以后，每年的感恩节都让我想起10岁时那个特别的日子，还有当时的种种感受：挫折、恐惧和孤独。而那位护士给予我的温暖和关爱使一切都变得可以忍受了。"

倘若我们希望获得他人的喜爱，或想要培养真正的友谊，或是在自助的同时也愿意帮助他人，请牢记这一原则：

原则1　真诚地关心他人。

二、微笑——给人留下好印象

在纽约一次晚宴上，一位女士渴望给来宾们留下美好的印象。她刚继承了一笔遗产，为此她花了大价钱买来貂皮大衣、钻石和珍珠首饰，却忘了掩饰自己乖戾自私的表情。一个大家都明白的道理，她却没有意识到：一个人的表情远比他身上穿的衣服要重要得多。

查尔斯·施瓦布曾告诉我说，他的微笑价值100万美元。当然，事实不仅仅如此。他的卓越成就与他本人的个性、魅力和为人喜爱的天资有很大关系，但最受欢迎的还是他的微笑。

行动胜于言语。微笑就意味着"我喜欢你，是你让我快乐。很高兴见到你"。这也是为什么狗会大受人类欢迎的原因。见到我们时，它们是那么快乐，可说是欣喜若狂，自然也让我们觉得很高兴看到它们。

婴儿的笑容也具有同样的影响力。

当你在候诊室焦躁等待时，可曾注意过身边那一张张阴郁的面孔吗？密苏里州瑞镇的史蒂芬·K.斯普劳尔医生是一名兽医。在我们的学习班上，他说起了发生在候诊室的一个故事。当时是春季，室内挤满了等待给宠物注射疫苗的客户。他们互不搭腔，仿佛宁愿去做自己想做的事而不是坐在那"浪费时间"。史蒂芬说：

"有六七位客户在那坐着，这时一位年轻女士走了进来，抱着一个9个月大的婴儿，还带着一只小猫。有位先生因为长时间的等待已经有点心烦气躁了。那位女士刚好坐在了他旁边。很快那位先生就注意到孩子笑意盎然地看着他，十足的婴儿笑容。他的反应如何？跟大家一样，他也朝孩子微笑。不一会儿他就和孩子的妈妈聊起天来，聊她的孩子还有他的孙子们。很快地，整个候诊室里的人都参与进来。原先的无聊和烦躁都化为愉悦和快乐。"

虚伪的笑会有这样的影响力吗？不，它骗不了任何人。我们都知道虚假的笑容是不带感情的，让人厌恶。我所谈论的是真实的笑容，它发自内心，暖人心扉，做生意时还能让你卖个好价钱。

詹姆斯.V.麦康奈尔教授是密西根大学的心理学家，他这样阐述对笑容的理解：

"微笑的人，往往能更有效地管理、教学和销售，他们养育的孩子也更快乐。微笑所蕴涵的意义远比蹙着的眉头来得丰富，作为教育手段，这也是鼓励比惩罚更有效的根本原因。"

纽约一家大型百货商店的招聘经理说，她宁愿雇佣一个小学没毕业却面带微笑的人，也不愿雇佣一个成天阴沉着脸的哲学博士。

即使是在不为人所见的情况下，微笑的影响力也依然强大。

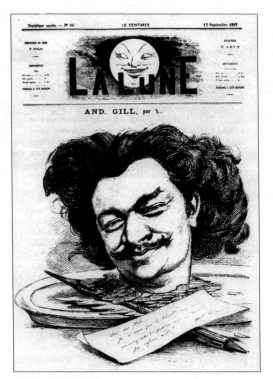

安德烈·吉尔的自画像

美国所有的电话公司都有一个名为"电话影响力"的项目，为那些使用电话推广服务或销售产品的职员们服务。该项目建议职员们在打电话时要微笑，因为"微笑"能透过你的声音传达给对方。

罗伯特·克莱尔是俄亥俄州辛辛那提市一家公司的计算机部经理，他谈到了自己是如何为该部门一个要求极高的职位找到合适人选的。

"我努力为这个部门寻找一名电脑专业的博士。最终我认定了一名即将从普度大学[1]毕业的年轻人，他的条件非常优秀。与他通过几次电话后，我了解到还有其他公司向他发出了录用信，其中许多公司都比我们的规模大，也更知名。我很高兴他接受了我们的要约。他来公司上班后，我曾问他为何会放弃其他大公司而选择了我们。他想了想，说：'我想是由于那些公司的经理们打电话时那种冷冰冰的公事公办的态度，让我觉得一切不过是一笔交易。而你的声音却让我感到你很高兴与我联系……你确实希望我能成为你们的一份子。'"毫无疑问，罗伯特最后说道："现在我依然微笑着接听电话。"

美国最大的一家橡胶公司的董事长说，据他的观察，只有在工作中发现乐趣的人才能成功。这位业界领袖并不太相信一条古老的格言：辛勤的工作是打开希望大门的神奇钥匙。

"我了解那些成功人士，"他说，"其成功源于他们在事业发展过程中找到了乐趣。当乐趣变成了不得不做的工作后，事业

---

1 普度大学，美国中西部印第安纳州州立大学。1869年由约翰·普度（John Purdue）捐资建校，以理工农见长，被称为"美国航空航天之母"和"旅游界的哈佛"，教师和学生中多人获得诺贝尔物理学奖、化学奖和经济学奖。

不再具有吸引力了。他们也变了，无法再从中体会到快乐。最后他们败下阵来。"

如果你期望人们与你会面时感到高兴，首先你自己就必须是快乐的。

我曾要求数千名商人每天都对一个人微笑，并坚持一周的时间，再到课堂上讨论所得到的结果。这个活动效果如何呢？下面是一封来自纽约股票经纪人威廉·B.斯坦哈特的信。他的案例并不孤立，事实上，在数百个案例当中很具有代表性。

"我已经结婚18年了，"斯坦哈特先生写到，"18年来从起床到准备上班，我很少对妻子微笑或是跟她说上几句话。我是百老汇大街上那些坏脾气的家伙之一。当您要求我准备微笑体验的发言时，我就想自己应该尝试一下，坚持微笑一个礼拜。于是第二天一早梳头时，我看着镜子里那张阴沉的脸，对自己说：'比尔，今天你要一扫往日的怒容，要微笑，现在就开始。'坐下吃早餐时，我对妻子说：'亲爱的，早上好。'我微笑着道出问候。您曾提醒我说她可能会很吃惊。哦，您低估了她的反应。她呆在那儿，迷惑不解。我告诉她以后我每天早晨都会这样做，将来她会习以为常的。从那以后两个月的时间里，态度的转变给我的家庭带来的快乐要比去年多得多。

"离家前往办公室时，我对公寓的电梯操作员微笑着说'早上好'，向门卫微笑致意。在地铁售货亭换零钱时我对出纳员微笑。进入股票交易所时，我向那些近来不曾见过我笑容的人们微笑。

"不久之后人们也朝我微笑了。我愉快地接待那些向我抱怨和诉苦的人，微笑着倾听他们的诉说。而且我发现金融理算也能更轻松地完成了。微笑让我挣钱，每天都能挣到很多钱。

"我和另一个经纪人共享一个办公室。他的一位职员是个讨人喜欢的小伙子。我对已取得的微笑成果很满意，就把自己关于人际关系的新见解告诉了他。他说我微笑时显得很有人情味儿。可是刚开始与他们公司合用办公室时，他觉得我脾气非常暴躁，这一印象直到最近才有所改观。

"我还摒弃了公司内部的批评机制。不再谴责而代以欣赏和赞扬。我不再说我想怎样，而是努力理解其他人的意见。这一切确确实实让我的生活发生了变革。我彻底转变了，变成一个更幸福的人，一个拥有友谊和快乐的更富有的人，这才是归根结底最有意义的事。"

你不想微笑？这该怎么办？记住两点：首先，要求自己必须微笑；其次，如果你自己一个人，就吹吹口哨，要不就哼个小曲，唱首歌，就好像自己已经很快乐。而这样做往往能让你真的快乐起来。心理学家和哲学家威廉·詹姆斯阐述了其中的道理：我们觉得行为跟着感觉走，但实际上行为和感觉是相伴而生的；通过调节直接受意志控制的行为，我们就能够间接地调整不受意志控制的感觉。

因此，如果你很不快乐，那么能感受到快乐最直接的也是能被我们控制的途径就是快活地坐直了，言语行事中仿佛快乐已来到身边……我们都在追求幸福，也肯定有办法找到幸福——调控自己的感觉。幸福并非依存于外部环境，它取决于我们的内心感受。

你的身份、你拥有的东西、你身在何处或你正在做什么，这一切都不是让你快乐或不快乐的原因，你对这一切所持的态度才

莎士比亚，英国伟大的剧作家、诗人，欧洲文艺复兴时期人文主义文学的集大成者。

莎士比亚像

决定你快乐与否。举例来说，有这么两个人，在同一地方，做同一件事，两人的财富和声望也都相当。其中一人感受到的可能是痛苦，另一人却觉得幸福。为什么呢？就因为他们大不相同的精神状态。我见过许多贫苦的农民，忍受着热带地区的酷热，用原始的农具辛勤而快乐地耕耘，他们与纽约、芝加哥或是洛杉矶那些坐在空调办公室里工作的人一样的快乐。

莎士比亚说："事无好坏，想法使然。"

亚伯拉罕·林肯曾说过，"大多数人拥有的幸福与自己决心得到的大致相当"。他说得很对。在纽约市长岛火车站的台阶上，我看到的一幕印证了林肯的观点。就在我的前面，有三四十个腿有残疾的男孩，挂着拐杖，艰难地拾级而上。其中一个孩子不得不靠人背着往上走。他们的欢声笑语让我非常惊讶。我向一位负责这些孩子们的先生说出了我的感受。"哦，是啊，"他说，"当一个孩子意识到这辈子都得是个跛子时，他确实非常难过。可是在他克服了这种感觉后，他会接受命运的安排，然后他也会像四肢健全的男孩一样快乐。"

我要向这些孩子们致敬。他们给我上了一堂永生难忘的课。

独自在一间与他人隔离的办公室里工作，你体会到的不仅仅是孤独，也失去了与其他同事成为朋友的机会。墨西哥瓜达拉哈市的玛丽亚·冈萨雷斯夫人就深知这种感受。每每听到其他同事的欢声笑语，她都为他们能分享同事友谊而羡慕不已。刚上班的头几周，在大厅碰到其他同事时她只能羞怯地转过头去。

几个星期之后，她对自己说："玛丽亚，你不能等着别人来找你，你得走出去结识他们。"于是当她再次向饮水机走去时，

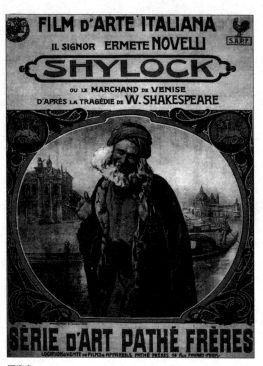

夏洛克

面带灿烂的笑容，向遇到的每一个人问好："你好，今天过得好吗？"她的微笑和问候得到了回应，效果真是立竿见影，过道仿佛也明亮了许多，工作好像也更顺利了。

玛丽亚与大家越来越熟悉，还与一些同事成了朋友。于是她的生活和工作都变得更快乐也更有趣味了。

请认真阅读随笔作家兼出版人埃尔伯特·哈伯德的忠告——但要记住，只是细读而不去运用对大家是不会有任何帮助的。

每次出门时，收进下巴，高昂着头，深深地吸一口气；陶醉在阳光中；微笑着向朋友们问候，真心地同每一个人握手。不害怕被误解和不浪费哪怕一分钟时间去想你的敌人。要牢牢地记住你的目标，只要不偏离方向，你一定会直达目标。牢记你想要完成的那些伟大而辉煌的事情，随着时间的流逝，你会发现自己已经在不知不觉中抓住了实现梦想的机遇，正如珊瑚虫在流动的潮流中抓住自己需要的养分一样。在心里刻画出你渴望成为的那种人，有能力、有热情、有价值的人，而后你的想法会每时每刻改变着你，你将成为你所期望的那种人。信念是最重要的，要保持良好的精神状态——勇敢、坦诚和乐观。恰当的想象就是创造。一切都源自于渴望，每一次真诚的祈祷都得到回应。我们会像我们所希望的那样发生改变。高昂着头，我们就是未来的主宰。

古代中国人十分精明——精于处世之道。他们有一条谚语值得你我细心收藏：不笑莫开店。

微笑是传达你良好愿望的信使。微笑使你身边的人生活更快

《热情洋溢的中国人》｜法国｜维克多·雨果

乐。对于一个见惯忧虑、愤怒或冷漠面孔的人来说，你的微笑就像透过乌云的阳光。尤其是当他承受着来自上司、顾客、老师、父母或孩子的压力时，一个微笑就能让他意识到一切并非毫无希望——世上仍有快乐。

几年前，纽约市的一家百货商店为酬答售货员在圣诞抢购热潮中所承受的压力而在广告中给出了很有亲和力的生活信条：

圣诞节微笑的价值

微笑无须成本却创造力非凡；

微笑使受者充实，给予者无损；

虽是刹那间的一个微笑，有时却让人终生难忘；

没有人可以富到不需要微笑，也不会有人因微笑而由贫致富；

微笑创造了家庭幸福，培养了企业信誉，更是朋友之间的心有灵犀。

微笑使疲惫者得到休憩，让气馁者看到希望，给悲伤者带来快乐，是世间消除烦恼的良药。

金钱买不来微笑，乞讨得不到微笑，它无法被租借，更不可能被窃取。只有拥有者的给予才让它意义重大。

如果在最后的圣诞抢购热潮中，我们的一些售货员由于过于疲惫而无法再给予您微笑，能否请求您留下您的微笑呢？因为，没有谁比那些已无法再给予微笑的人更需要它。

原则2　微笑吧。

三、记住对方的姓名

1898年，纽约罗克兰县发生了一件悲伤的事，一个孩子死了。邻居们都在准备着参加孩子的葬礼。

詹姆斯·法利到牲口棚去牵马。天气寒冷刺骨，冰雪覆盖了地面。马已经待在马棚里好几天没出来了。当法利牵着它朝饮水槽走去时，它快活地一转身，尥起后蹄，竟把法利踢死了。就这样，这个小小的石点村一周内举行了两次葬礼。

法利身后留下一个寡妇和三个儿子，还有几百美元的保险。大儿子吉姆，那年10岁，去了一家制砖厂干活，负责运沙并把沙子倒入模子里，然后还要把砖块竖起来放在太阳下晒干。此后吉姆这孩子再也没机会接受学校教育。可他生性和蔼可亲，有着善于交际的天分，多年后，他逐渐形成了一种不可思议的记忆人名的能力，后来因此而步入政界。他从未上过中学，可是不到46岁，已有四所院校授予他荣誉学位。他还被委任为美国民主党全国委员会主席和国家邮政部长。我曾访问过吉姆·法利，向他请教成功的秘诀。

"辛勤工作。"他说道。

"您在开玩笑吧。"我说。

他转而问我的看法。我回答道："我知道你能叫出10000个人的名字。"

"不，你错了！"吉姆对我说，"我可以叫出50000万个人的名字。"

毋庸置疑，正是这种本领帮助他辅佐富兰克林·D.罗斯福竞选总统并成功入主白宫。

吉姆·法利曾做过一家石膏厂的推销员，后来又担任石点村文书职务，那段时间里他逐步创立了一种记忆人名的方法。一开始，这种方法很简单。每次结识一个新朋友，他都会弄清楚他们的全名及其家人、事业和政治观点等情况，将这些信息形象化并牢牢地记在心里。下一次再遇到那个人，即使是一年以后，也能认出来并与他握手，询问其家人及其后院的蜀葵。难怪他拥有一批追随者。

在罗斯福的总统竞选活动开始之前的几个月，吉姆·法利每天都给西部和西北部各州的人们写几百封信。然后他乘火车，坐马车，再乘火车，坐汽车，还要搭小船，在19天的时间里走遍20个州，行程12000英里。他常深入小镇，与支持者共进午餐或早餐，一起喝茶或吃晚饭，并与他们倾心交谈。之后他匆匆起程又开始下一段行程。

握手

一回到东部，他就给所巡访的城镇里的某人写信，请他们把与他交谈过的人的名单列出来给他，最终的名单上列出了上万个名字。名单上的每个人都收到了吉姆·法利寄来的一封私人信件，这些信以"亲爱的比尔"或者"亲爱的简"开头，署名都是"吉姆"，并对每位收信人都给予了含蓄的赞美。

吉姆·法利年轻时就发现了一个现象，一般人总是对自己的名字最感兴趣。记住某人的名字，需要时脱口而出，对方会感受到你对他的关注。如果你记不住某人的名字甚至把他的名字写错，情势对你可是极为不利。我曾在巴黎开设演讲课程，并给所有住在那里的美国人送去了邀请函。法国打字员们英文不够好，有的名字打错了。美国驻巴黎的一家大银行的经理因此写了一封措辞尖刻的信指责我们的错误。

有时候要记住一个人名并不容易，特别是那种让人感到拼读困难的词，许多人宁肯忽略它或是用简单的昵称代替，也不愿花工夫记住它。有段时间西德·利维要去拜访一位名叫尼科笛默斯·帕帕杜勒斯的顾客。大多数人都叫他"尼克"。利维说："在打电话给他之前，我努力练习他名字的发音，反复练习了好几次。'下午好，尼科笛默斯·帕帕杜勒斯先生。'打电话时我称呼他的全名向他问好，他非常震惊，一下子呆住了。过了一会儿，他哽咽地说：'利维先生，我在这个国家住了15年了，还没有谁曾试着叫出我的全名。'"

安德鲁·卡耐基为什么能成功?

他被人们称为"钢铁大王"，可他自身对钢铁制造知之甚少。有几百名熟知钢铁制造的人为他工作，而他知道该如何管理这些人，这就是他成功的原因。

很小的时候，他就已经显露出在管理方面的天赋，他是个天生的领导者。10岁的时候，他就发现人们对自己的姓名异乎寻常的重视。而他懂得利用这一点与别人进行合作。比如在他还是个小男孩时，他得到了一只母兔并很快有了一窝小兔子，可他没有食物喂养它们。于是他想出了一个绝妙的主意。附近的孩子们听说，只要弄到足够的苜蓿和蒲公英喂养这些小兔子，他们就能用自己的名字给小兔命名。这个计划效果奇佳，卡耐基一直牢记在心。

数年之后，他使用同一心理战术在事业上大获成功，成为了百万富翁。当时，他想把钢轨卖给宾夕法尼亚铁路公司。J.埃德加.汤姆森时任该公司总裁。于是安德鲁·卡耐基在匹兹堡（美国宾夕法尼亚州西南部城市，是美国的钢铁工业中心）建了一座大型钢铁厂，并把工厂命名为埃德加·汤姆森钢铁厂。

猜一猜，当宾夕法尼亚铁路公司需要钢轨时，你觉得汤姆森先生会买哪家钢铁厂的产品？西尔斯-罗巴克公司？不，当然不是，再猜猜看吧。

当卡耐基和乔治·普尔曼[1]争夺铁路卧铺车生意的霸主地位时，"钢铁大王"再次想起了兔子带给他的经验。

安德鲁·卡耐基所掌控的中央运输公司正同普尔曼的公司竞争。双方你争我夺，相互压制，彼此压价，破坏了一切可以获利的机会，就为了得到联合太平洋铁路公司的那宗卧铺车买卖。安

---

1 乔治·普尔曼，19世纪美国著名工业家，他的公司设计了美国第一个豪华火车包厢，全球第一个卧铺车厢，让美国中产阶级放弃了乘坐马车出行的习惯，创造了美国铁路客运的新时代。

《铁路立法》┃美国┃托马斯·纳斯特

本漫画作于1886年，预示任何规制铁路的联邦法律都是虚有其名的。

德鲁·卡耐基和普尔曼都到纽约去拜会了联合太平洋公司的董事会。一天晚上，他们俩在圣·尼古拉斯饭店碰面了，卡耐基说："晚上好，普尔曼先生。我们俩是不是在犯傻啊？""你说什么？"普尔曼问道。于是卡耐基将自己的想法和盘托出——双方利益的合并。他用动人的话语向普尔曼描绘了一幅合作而不是对抗，对双方都有利的前景。普尔曼专心地听着，但并没有被完全说服。最后他问道："你准备如何命名新公司呢？"卡耐基立即回答道："当然是普尔曼豪华车厢公司了。"

普尔曼眼睛一亮，"到我房间来，"他说，"我们得详细地讨论讨论这个计划。"

那次谈话创造了工业的历史。

牢记并尊崇朋友和商业伙伴姓名的策略是安德鲁·卡耐基成为领袖的秘诀之一。他能叫出工厂里许多工人的名字，对于这一点他很是自豪。他曾自夸说，在他亲手抓管理时，他的公司从没有发生过罢工的情形。

德克萨斯州商业银行证券部主席本顿·拉夫认为，公司规模越大，越没有人情味。"记住员工们的名字是增加人情味的一个办法。记不住员工名字的管理层也就无法记住他工作中有意义的那部分，他们就是在流沙上工作。"

卡伦·基尔希来自加州的兰乔帕洛斯韦德兹镇，是环球航空公司一名空乘服务员。她总是尽可能的记住舱内乘客的名字，在提供服务时称呼其名。这一做法使乘客对她的服务大加赞赏，有的当面赞扬她，有的写信向航空公司反映她服务优良。一位乘客写道："我乘坐贵公司飞机的时间不长，但我打算今后只坐你们的飞机。

你让我觉得你们公司非常人性化，这对我来说很重要。"

人们对自己的名字如此看重以致不遗余力要使之不朽。即使是暴躁冷酷的老菲尼斯·泰勒·巴纳姆，当时最伟大的演出经纪人也会因没有子嗣继承他的姓氏而失望。他为此出资25，000美元给他的外孙C.H.西利，只要他改名为巴纳姆·西利。

一直以来，贵族和财主资助艺术家、音乐家和作家，以使自己的名字留存在艺术作品的题献辞里。

多亏那些唯恐不能留名于世的人们，图书馆和博物馆因此而藏品丰富。纽约公立图书馆拥有阿斯特和伦诺克斯藏品。大都会博物馆使本杰明·阿特曼和J.P.摩根的大名永存。几乎每座教堂都用彩色玻璃窗装饰以纪念赞助人。大多数高校的建筑上都标明捐赠者姓名以示尊重。

许多人记不住别人的名字，原因很简单：他们没有花必要的时间和精力专注于此，没有重复识记让别人的名字永远刻在记忆里。他们给自己找的理由是太忙了。

他们大概不会比富兰克林·D.罗斯福更忙吧？他却能花时间记住与他仅有一面之缘的技工的名字。

由于罗斯福先生双腿瘫痪，无法驾驶常规汽车，克莱斯勒汽车公司为他制造了一辆特制车，由W.F.张伯伦与一名技工把车送到了白宫。张伯伦先生在一封信里描述了他当天所经历的事情。"我教罗斯福总统如何驾驶一辆装有许多特殊装置的汽车，而他则教会了我与人相处的非凡技巧。"张伯伦写道，"我到白宫拜见了罗斯福总统，他非常高兴地直呼我的名字，让我感到很自在。特别让我感动的是他对我要展示的东西非常感兴趣。这辆

富兰克林·罗斯福总统

车是为他特别设计的，完全可以用手操作。很多人围在一起看着这辆车，总统先生也认真观察并得出结论：'我认为这辆车非常好用。你只需按一个按钮，它就可以跑起来。你可以毫不费力地驾驶它。确实非常棒。我还不明白它的原理，想找个时间把它拆了，看看它的构造。'"

"总统的朋友和同僚们都对这辆车大加赞赏，他则当着他们的面对我说：'张伯伦先生，非常感谢你，为了设计这辆车你一定花费了不少的时间和精力。这是一项极其出色的工作。'他称赞汽车的各个方面，像散热器，特制的后视镜和里程计，特殊的反光灯，还有汽车内饰的风格，驾驶座的位置，车尾箱内特制的带有他姓名缩写的手提箱，等等。换言之，凡是我为之周密设计的各种设备装置他都非常欣赏。他对罗斯福夫人、劳工部长铂金斯夫人以及他本人的秘书特别强调这种种细节以引起他们注意。他还对白宫的老搬运工说：'乔治，你对这些手提箱要特别关照啊。'"

"驾驶课结束后，总统对我说：'张伯伦先生，我已经让联邦储备委员会等待30分钟了。我应该回去工作了。'"

"我带了一位技工一起去白宫。一到那儿我就把他引见给罗斯福先生。他是个害羞的小伙子，老是待在人群后面，没有跟总统交谈过，总统先生也只听到过一次他的名字。但是在离开前，罗斯福总统找到这位技工，叫出他的名字并与他握手，感谢他来到华盛顿。罗斯福总统的感谢是发自内心的，我能感受到这一点。"

"回到纽约几天之后，我收到一张罗斯福总统亲笔签名的照片以及一张再次对我的帮助表示感谢的便条。他能抽出时间亲自来做这件事，让我感到非常吃惊。"

　　富兰克林·D.罗斯福知道最简单、效果最显著也是最重要的获得他人好感的方法：记住对方的姓名，使别人感到自己很重要。可是，我们当中又有多少人能做到呢？常常是我们经介绍认识了一位陌生人，可交谈几分钟后在道别时我们就忘记对方的姓名了。

　　政治家要学习的第一课是：记住选民的名字是政治才能，忘记则意味着漠视。

　　在商业和社会交往中，牢记对方姓名的能力同样非常重要。

　　法国皇帝拿破仑三世，那位伟大的拿破仑的侄子，曾自夸说除了皇室职责外他还能记住自己见过的每一个人的名字。

　　他的技巧很简单。如果没听清对方的姓名，他就会说："抱歉，我没听清你的名字。"接着，如果这是个不常见的名字，他还会问："怎么拼写呢？"交谈当中他会费心把这个名字重复几次并努力把名字与这个人的特征、表情和外形联系起来。如果是比较重要的人物，拿破仑就花更多功夫去记住他的名字。一旦皇帝陛下单独待着，他就会把这个人的名字写在纸上，非常专注地看着它，直到牢牢地记在脑子里，然后把那张纸撕掉。这样一来，他从听觉和视觉上都记住了这个名字。

　　这样做会很费时间。可是爱默生说过："礼节周全就意味着注重小节。"

　　记住并使用别人的名字不仅仅是国王和公司主管领导的特权。我们都可以这样去做。印第安纳州通用公司的职员肯·诺丁汉通常在公司食堂吃午餐。他发现一位女服务员总是满脸怒容。"她已经做了两小时的三明治了，对她而言，我不过是另一块三明治而已。我告诉她我想要的食物，她就用一架小天平称了点火

犄角之王

腿，夹了一片生菜叶，还有几根薯条，就把三明治递给了我。第二天我又在她的柜台前排队，她还是那样，一脸的怒气。唯一不同的是我看了她的姓名牌。我微笑着对她说：'你好，优妮斯'然后告诉她我想要什么。结果，她没用秤，给了我很多火腿，三片生菜叶，盘子里的薯条多得盛不下。"

我们必须意识到姓名所蕴涵的魔力，我们应该明白姓名完完全全为那个我们与之相处的人所拥有，而非其他人。姓名使他们与众不同。只有在使用了对方的姓名时，我们所传授的信息或提出的请求才呈现出特有的重要性。从女服务员到高级管理人员，与人相处时，姓名都发挥着不可思议的作用。

原则3　记住对方的名字胜过任何甜言蜜语。

四、学会倾听

　　不久前我参加了一场桥牌聚会。我不打桥牌，有一位女士也不打。她发现我曾作为洛厄尔·托马斯[1]从事广播事业前的经理人，随托马斯到欧洲各地旅行，帮他准备有关旅行见闻的演讲。她因此请求道："卡耐基先生，你一定要跟我说说你游历过的那些地方，还有你看到的美妙风景。"

　　我们坐到沙发上时，她提到最近刚与丈夫从非洲旅行回来。"非洲！"我吃惊地说："太有意思了！我一直想到非洲去看看，可从来没去过。只是在阿尔及尔曾逗留了24小时。跟我说说，你游览了狩猎区吗？真的？太幸运了。真羡慕你啊。跟我说说非洲吧。"

　　她不停地说了45分钟，再也没提让我谈谈曾去过哪儿看到些什么的话题。她并不想听我说。她要的只是一位兴趣盎然的倾听者，只有这样她才能展现自我，谈论她的经历。

　　她与其他人不一样吗？实际上，大多数人都像她一样。

　　在一个纽约出版商的晚宴上我遇到了一位著名的植物学家。

1　洛厄尔·托马斯（Lowell Thomas, 1892–1981），美国新闻记者、作家，以广播、新闻影片和电视新闻播音员闻名。他还写过关于西藏等人迹罕见之地的游记作品，并因此赢得广泛声誉。

以前我从未跟植物学家交谈过，因此觉得他很有趣。我饶有兴致地听他谈论那些奇异的植物，为了培育新品种而进行的试验，以及室内花园（他甚至还谈到普通马铃薯不为人知的方方面面）。我有一个自己的小花园，他就告诉我如何解决那些花园里遇到的难题。

我提到当时我们在参加一场晚宴。当时肯定有十几个其他的客人，但我违背了礼貌原则，忽略了其他人，单独与那位植物学家聊了好几个小时。

午夜时，我向众人告辞。植物学家在主人面前对我大加赞赏，说我很"有意思"以及诸如此类的话。最后他说我是最有趣的人，很健谈。

一位有趣的健谈的人？嗨，其实我几乎什么都没说。如果不转换话题，即使我想说也没什么能说的，就像我不了解企鹅的解剖结构一样，我对植物学也知之甚少。但我做到了专注地倾听。因为确实有兴趣所以我认真倾听，他感受到了这一点，非常高兴。我说与他交谈让我受益匪浅，我希望拥有他那样丰富的学识——我真希望如此。我告诉他，希望能同他一起在田野漫步，希望能再见到他。我是这样说的，也确实是这样想的。他认为我是一个健谈的人，其实，我不过是一个善于倾听并鼓励他谈话的人而已。

倾听是我们能给予别人的最高赞赏。"几乎没有人，"杰克·伍德福德在他《异乡人之恋》一书中，曾经这样说过："很少有人能拒绝接受那份专注所包含的诏媚。"

我给予那位植物学家的不只是全心全意的关注，是发自内心的赞许，慷慨大方的褒扬。

进行一次卓有成效的商务访谈有什么诀窍吗？依哈佛大学前

任校长查尔斯·W.埃利奥特所言："没有所谓成功的商务往来的秘诀……专注于与之交谈的人是关键。没有比全神贯注的倾听更让人受用的了。"

埃利奥特本人就是一位善于倾听的大师。美国最伟大的小说家亨利·詹姆士曾回忆说："埃利奥特博士的倾听不仅仅是沉默，更是一种回应。他笔直地坐着，两手相握放在大腿上，除了大拇指时快时慢的相互绕圈之外几乎一动不动。他面向与之交谈的人，仿佛眼耳并用参与倾听。他用心去听，专注地思考你所说的话。……访谈结束后往往让对方感到已畅所欲言。"

确实如此。你不必到哈佛学习4年就能发现其中的道理。大家都知道，百货商店的老板会租用豪华的店面，低价进货，装饰漂亮的橱窗，花费巨额广告费，却雇佣那些不懂倾听的店员——他们打断顾客说话、反驳顾客、激怒顾客，就差把顾客赶出商店大门了！

就因为一名售货员不懂得倾听，芝加哥一家百货店差点失去了一位每年在该店花费数千美元的老顾客。亨利埃塔·道格拉斯太太在芝加哥学习我们的课程。她曾在该公司以特价买了一件外套。买完回到家后才发现外套衬里上有一处裂口。于是第二天她到百货店要求售货员予以调换。可那名售货员根本不听她的投诉，"你买的是特价商品，"她指着墙上的牌子大声地说，"读读告示吧，'货物售出，概不退换'，你买了就得要。自己缝缝衬里不就得了。"

"可这件衣服是坏的啊，……"道格拉斯太太抱怨道。

"都一样，售出就不退换。"售货员打断了她的话。

道格拉斯太太非常气愤，发誓再也不到这家商店买东西了。

哈佛大学校长查尔斯·W. 埃利奥特

她刚要往外走，就遇到了商店经理。由于道格拉斯太太常年光顾，经理对她很熟悉，于是听她把事情说了一遍。认真地听完整件事后，经理检查了那件外套，然后说道："特价销售是为了在季末处理商品。但是有关'概不退换'的条款并不适用于已损坏的商品。我们肯定要修补或调换衬里，或者，如果你愿意的话，也可以退还货款。"

多么不一样的处理方式！要不是经理出现并倾听顾客的投诉，这家商店就得失去一位老主顾了。

倾听不只是对商业贸易意义重大，对于家庭生活也是如此。纽约克洛顿-哈德森的米莉埃斯波西托把认真倾听作为自己的事业。一天晚上，她和儿子罗伯特坐在厨房里讨论他的某个想法，罗伯特说："妈妈，我知道你很爱我。"埃斯波西托太太很感动，说："我当然很爱你啊。你怀疑妈妈的爱吗？"

罗伯特回答道："我不怀疑。我知道你真的很爱我，因为不管什么时候我想跟你说话，你都会停下手头的事情来听我说。"

再顽固的抱怨者，或是最暴躁的批评家在一位有耐心有同情心的倾听者面前都会软化态度，变得温和起来：在盛怒的挑刺者像眼镜蛇王一样张大嘴喷出毒液时，倾听者会保持沉默。纽约电话公司几年前发现他们不得不应付一位可恶的顾客。他曾诅咒客户服务代表，咆哮怒骂，威胁说要拉断电话线。他拒绝支付一笔费用，因为他声称收取这笔费用是错误的。他还给报社写信，给公共服务委员会寄去无数封投诉信，并数次起诉电话公司。

最后，公司一名最有经验的纠纷调解专家受命前去拜访这位挑起争端的人。专家一直静静地听，时而说一句"是的"，对他的抱怨表示同情，随这位爱争吵的顾客滔滔不绝地大发议论。

这位纠纷调解专家在我的培训班上讲述了他的经历。"我听他咆哮了差不多3个小时，后来我再次拜访他，继续听他抱怨。我一共访问了他4次，在第四次拜访结束前我已经成为他发起的一个组织的创始成员了。他称之为'电话用户保护协会'。现在我依然是这个协会的一员，而且据我所知，除了那位先生以外，我是唯一的一位成员。"

"在访谈中我对他所说的每一点都认真听取并表示同情。以前他从未与电话公司代表进行过这样的对话，他也因此变得有点友善了。第一次拜访他时我甚至没提我来见他的目的，第二次乃至第三次见面时也没提过。但是在第四次访谈时，我圆满完成了我的工作，他付清了所有账单，而且自他与电话公司产生纠葛以来头一回从公共服务委员会撤回了投诉。"

毫无疑问，那位先生把自己视为神圣的十字军战士，为保卫公众权益反抗无情的剥削。可实际上，他需要的是被重视的感觉。起先他从挑剔和抱怨中获得这种感觉。一旦电话公司代表让他觉得受到重视，他那不切实际的抱怨和牢骚很快就消失了。

几年前的一天上午，一位客户怒气冲冲地走进朱利安·F.德特默的办公室。朱利安是德特默毛纺公司的创始人，该公司后来成为世界上最大的毛织品和成衣业经销商。

"这个人欠我们一小笔钱，"德特默先生告诉我说，"他否认这件事，可他确实欠了钱。因此我们的贷款部坚持要他付款。在接到贷款部的几封催款信之后，他收拾行李来到了芝加哥，冲进我的办公室，通知我说他不仅没打算付那张账单，以后他也不会再从德特默毛纺公司购买1美元的货品。"

"我本想打断他，但我知道那样做结果会很糟，所以我耐心地听他说完，让他说个痛快。等他终于冷静下来能听得进意见的时候，我才温和地对他说：'我非常感谢你到芝加哥来告知我这件事，事实上，你帮了我一个大忙……如果我们公司贷款部烦扰了你，他们有可能也烦扰了别人，那就太糟糕了。我非常希望能了解这件事。'我的话让他大感意外。我觉得他有点失落，因为他来芝加哥是想跟我争论一番的，可到了这儿，我不但没跟他吵架反而对他表示感谢。我向他保证债务将一笔勾销，因为他是一个认真细致的人，只负责一个账户，而我的职员们得处理几千个账户。所以，不大可能是他出错。"

"我告诉他我非常理解他的感受，如果我遇到与他同样的问题，也会这样做。既然他不打算再买我们公司的货物，我向他推荐了其他几家毛纺公司。"

"以前他来芝加哥时我们常一起吃午餐，所以那天我依然邀请他吃午餐。他不大情愿地接受了邀请，等我们用餐后回到办公室，他却签下了一份更大的订单。他平心静气地回家了。为了像我们那样公正地处理这件事，他仔细检查了票据，发现有一张票据丢失了。他向我们道歉并寄来一张支票。"

"后来他妻子生了一个男孩，他用德特默作为孩子的中间名。他一直是我们的朋友和老客户，直到22年后他离开人世。"

几年前，一个贫穷的荷兰移民的孩子，为了帮衬家人，放学后给一家面包店擦洗窗户。他们太穷了，所以他每天还得拎着篮子到街上去捡那些从运煤车上掉落进阴沟里的碎煤块。这个孩子，就是爱德华·博克，他只接受了6年的学校教育，却是美国新闻业最成功的杂志编辑。他为何会取得如此的成就？说来话长，我们就简要地说说他是如何开始立业的吧。他正是使用了本章所倡导的原则开始了他的创业。

13岁时爱德华就失学成了西联国际汇款公司的一名勤杂工，但他从未放弃过受教育的念头。他开始自学。为了攒够钱买一本美国传记大全，他省下车费，不吃午饭。接着他做了一件我们闻所未闻的事情。他阅读那些著名人物的生平事迹，还给他们写信说想了解更多有关他们童年的情形。他是一个出色的倾听者，他请求那些知名人士多谈谈他们自己。他曾给当时正在竞选总统的詹姆士·A.加菲尔德将军[1]写信，询问将军是否曾做过运河的拖船工，加菲尔德将军给他回了信。他还给格兰特将军[2]写信，询问某一次战斗的情形，将军给他画了一张地图，还邀请这个14岁的孩子共进晚餐，跟他聊了一晚上。

不久之后，这个西联公司的送信员就与我国许多知名人士开始通信，如拉尔夫·沃尔多·爱默生、奥利弗·温德尔·霍姆斯、朗费罗、林肯夫人、露伊莎·美·阿尔克特、谢尔曼将军和杰斐逊·戴维斯等。他不仅与这些杰出人士们通信，而且一旦有休假，他还作为嘉宾受邀到各家拜访。这段经历给予他非凡的信心。这些伟人激发了他的梦想和雄心，改变了他的生活。这一切的发生正是由于应用了我们所提倡的原则。

1　詹姆士·A.加菲尔德将军（1831–1881），生于俄亥俄州，家境贫寒，南北战争期间参加联邦军，为反对奴隶制，投笔从戎，32岁时即晋升为陆军少将。后被林肯赏识，弃军从政，当选为第20任总统，也是美国第二位被暗杀的总统。

2　格兰特将军（尤利西斯·辛普森·格兰特），美国南北战争后期任联邦军总司令。

詹姆士·A. 加菲尔德像

　　记者艾萨克·F.马科森曾访问过数百名成功人士，他断言只有专心倾听才能给人留下好印象。"许多人太在意自己接下来要说的话，根本听不进别人说的话……那些成功者告诉我说，相比于口才出色的人，他们更愿意选择善于倾听的人，可惜这样的人才非常罕见。"

　　不仅是名人要人们渴望拥有善于倾听的人才，就是平民百姓也有这样的愿望。《读者文摘》曾登出这样一段话："许多人去找医生就是为了找一个愿意听他们说话的人。"

　　在美国内战最艰难的时期，林肯给伊利诺伊州春田市的一位老朋友写信，邀请他到华盛顿作客，说有许多难题要跟他探讨。这位老邻居来到了白宫，林肯与他谈了好几个小时，都是有关发表解放奴隶宣言是否明智的话题。林肯重温了所有支持和反对解放奴隶的争论，朗读了相关的信件和新闻报道，有些谴责他没有解放奴隶，另一些则因为他打算解放奴隶而谴责他。然后，林肯与老朋友互道晚安，握手告别，根本没有征询朋友的看法就把他送回了伊利诺斯州。由始至终都是林肯一个人在说，却仿佛为他理清了思路。"谈完话之后他看起来似乎轻松多了。"那位老朋友说。林肯并不需要建议，他需要的只是一位友善的、富有同情心的倾听者，能让他吐露心事，消除思想上的负担。倾听者，是我们遇到困难时最需要的人，更是那些恼怒的顾客、心有不满的雇员或是受到伤害的朋友们最想要拥有的人。

　　当代最伟大的一位倾听者是西格蒙德·弗洛伊德。一位拜会过他的人描述了他倾听时的态度："我终生难忘他给予我的深刻印象。我从未在其他人身上看到他所拥有的这种品质。我从未见过谁

林肯

林肯提出的「民有、民治、民享」的政府理念，被认为是对民主政治的最精辟概括。

的注意力有如此集中。世上没有谁拥有这种'穿透灵魂的注视'。他的目光温柔而亲切，嗓音低沉而和蔼。没有什么肢体动作。尽管我说得很糟糕，他给予我的关注，对我说的一切表示出的认同，却是那么的与众不同。你无法想象这样的倾听意味着什么。"

如果你想知道怎样才能让人在背后嘲笑你，鄙视你，甚至躲避你的话，看看这个法子：决不长时间听别人说话。不停地谈论你自己。如果别人正在谈话时你有了什么想法，不用等他们把话说完，直接打断他们，说自己想说的吧。

你认识这样的人吗？很遗憾，我认识一些这样的人。更让人吃惊的是，其中一些人还是知名人士。这样的人很让人讨厌——他们自我陶醉，只关心自我成就感的满足。

那些只谈论自己的人也只会想到他们自己。哥伦比亚大学任期最长的校长，尼古拉斯·莫瑞·巴特勒博士认为，"那些只考虑自己的人都无可救药地缺乏教养。他们没有受到教育，无论他们读了多少书。"

因此，如果你渴望成为优秀的谈话者，就一定要做专注的倾听者。要让别人喜欢你，首先要关注对方。提问时要问对方乐意回答的问题，要鼓励对方谈论他们自己以及他们取得的成就。

记住这一点：比起对你和你的难题来说，你与之交谈的人对他们自己更感兴趣，他们只注重自己的需求和困难。对某些人来说，他的牙疼要比饿死100万人的饥荒更要紧；他脖子上的一个疖子要比非洲发生40次地震更让他关注。以后与别人交谈时想想这一点吧。

原则4　做一名优秀的倾听者；鼓励他人谈论他们自己。

五、如何得到他人的关注

只要是西奥多·罗斯福的客人都会为他广博的学识所倾倒。不论你是牛仔、莽骑兵、纽约的政客，还是外交官，他都能与你侃侃而谈。他是如何做到这一点的呢？答案非常简单。只要有宾客来访，罗斯福都会在前一天晚上，把那位客人有可能感兴趣的话题透彻地研究一番。因为他很明白，要感动一个人就必须谈论那个人最看重的事情。很多领导人都明白这一点。

威廉·莱昂·费尔普斯是耶鲁大学文学教授兼散文作家，为人和蔼可亲，他在孩童时期就体会到这个道理。

"8岁时我到莉比·林斯利姨妈家作客，她住在胡萨托尼克（属麻省）的斯特拉特福德镇。"费尔普斯教授在他的散文《人性》中写道，"一天晚上，一位中年人来访，在与姨妈彬彬有礼地争论了一番之后，他把注意力转向了我。当时我恰好对船很感兴趣，这位先生用我觉得很有趣的方式跟我聊起了船的话题。他告辞后，我兴奋地跟姨妈说起了他，他太棒了！姨妈却告诉我说他是纽约的一个律师，压根儿就对船不感兴趣。'可他干吗一直跟我聊船的事情呢？''因为他是位绅士。他知道你对船很有兴趣，就跟你聊你喜欢的话题，让你高兴，也让你喜欢他。'"

威廉·莱昂·费尔普斯接着写道："我牢牢地记住了姨妈

的话。"

在写这一章时，我的面前就摆着爱德华·L.查利夫写来的一封信。他非常热衷于童子军工作。

"有一次我急需帮助。一次大型童子军集会将在欧洲举行，我希望能说服美国一家大公司的总裁资助一个孩子参加这个活动。幸好在我拜会他之前，听说他曾签过一张100万美元的支票并在支票注销后给它加了个框镶了起来。所以我进到他办公室的第一件事就是要求看看那张支票。一张100万美元的支票！我说自己从未见过谁签过那么大数目的支票，我要告诉孩子们我真的看见这张百万美元的支票了。他非常高兴地拿给我看；我称赞不已，想要知道这张支票的来龙去脉。"

你已经注意到了，查利夫先生根本没提童子军[1]，欧洲的集会，或是他来拜访的目的，对吧？他谈论的是对方感兴趣的事情。看看这次拜会的结果吧：

"不一会儿，这位先生问道：'哦，你来见我是为什么事啊？'我这才说明了来意。"

"让我大吃一惊的是，"查利夫先生写道，"他不仅马上就准许了我的请求，而且远远超出了我请求的数目。我请求他能资助一个孩子去欧洲，他却资助了5个孩子还加上了我。他给了我一张1000美元的信用证，说我们可以在欧洲待7星期。他还给分公司总经理们写了一封介绍信，请他们提供便利。他自己则在巴黎与我们会面并带我们游览了这个城市。后来，他还给一些家庭贫

---

1 童子军（Boy Scout），是一种野外活动的训练方式，这种方法用以培养青少年成为快乐健康有用的公民。目前全世界约有2.5亿名童子军。

困的孩子们提供工作机会，现在他也依然是我们团队中的活跃人物。可是我知道，要不是我事先了解到他的兴趣所在，激发了他的热情，是很难接近并说服他的。"

这个方法在商业活动中是不是也效果非凡呢？我们来说说纽约杜维诺依父子烘焙批发公司的亨利·G.杜维诺依的例子。

杜维诺依先生一直想把面包卖给纽约的一家饭店。4年来他每周都去拜访那家饭店的经理。该经理参加的社交活动他也都一场不落。他甚至在那家饭店租了房间住在那儿，就为了敲定这笔生意。可他的目的总也达不到。

"后来，"杜维诺依先生说，"研究了人际关系学之后，我决定改变策略。我决心弄清楚他的兴趣所在——他的热情都投入到什么事情里去了。"

"我了解到他参加了一个由酒店高级管理人员组成的协会，号称美国招待员协会。他不仅仅是参与，还由于积极热情的工作被推选为该组织的主席，以及该组织国际机构的主席。无论协会在什么地方举行会议，他都会参加。因此第二天我看到他时，就跟他谈起了这个机构，他的回应非常热烈！跟我聊了半个小时，语调热情而充满活力。我体会到这个协会不仅是他的爱好，更是体现他生活热情的载体。离开他办公室前，他极力推荐我也加入这个组织。关于面包我什么也没说。可几天之后，那家饭店的管事员给我打电话，要我带上样品和报价过去一趟。"

"'我不知道你对老人说了什么，'管事员跟我打招呼说，'他对你很满意！'想想看，4年来我一直试图打动那位经理好做成这笔生意。要不是花工夫搞清楚了他的兴趣所在——他喜欢谈什么，我可能还在做无用功呢。"

爱德华·E.哈里曼来自马里兰州黑格斯敦市。服完兵役后他选择到美丽的坎伯兰山谷生活。不幸的是，当时他找不到工作可做。稍做调查之后哈里曼先生发现，这个地区的几家公司都由一位特立独行的商业能人R·J.芬克豪泽所持有，这位先生从贫穷到富有的奋斗历程激发了哈里曼先生的好奇心。不过，一个普通求职者是不可能接触到芬克豪泽先生的。哈里曼先生介绍了他的做法：

"我访问了几个人，了解到芬克豪泽先生只对追求权力和金钱感兴趣。既然他聘用了一个专注而严肃的秘书以避免与我这样的人打交道，我就研究那位秘书的嗜好和志向。之后，我没有预约就造访了秘书的办公室。她忠心耿耿地为芬克豪泽先生工作了15年。当我告诉她我有一条建议能为芬克豪泽先生带来政治经济上的成就时，她表现得非常热心。我也谈到她的参与将对这一项目贡献良多。很快我就被安排与芬克豪泽先生进行了会面。"

"走进芬克豪泽先生那间巨大而奢华的办公室，我明白决不能直奔找工作的主题。他坐在一张偌大的雕花桌子后面，大声问道：'什么事，年轻人？'我说：'芬克豪泽先生，我认为我能为你挣钱。'他立刻站了起来，请我到一张庞大的铺着软垫的椅子上坐下。我介绍了自己的想法以及要实现这些想法所需的条件，尤其强调说这些主意能让他功成名就。在了解了我的想法后，他马上聘用了我，此后20年我一直为他的企业工作，我们都获得了成功。"

站在别人的立场上谈话对双方都有益。作为与雇员沟通方面的优秀人才，霍华德·Z.赫齐格始终遵循这一原则。当被问到有何回报时，赫齐格先生说每个人给予他的回报都不一样，总的来说，每次与别人交谈都让他增长了见识。

原则5　谈话时要从对方的角度出发。

六、已所不欲，勿施于人

第八大道和33号街交叉口有个邮局，有一次我在那排队等着寄挂号信，注意到那个邮局职员对这份工作很厌倦——称信封，取邮票，找零钱，写收据——年复一年的单调重复。我思忖着："我得想办法让他喜欢我。显然要让他喜欢我，我就得说些好听的话，有关他的好话。因此我自问道，'他有没有能让我好好夸奖一番的地方呢？'有时候这样的问题还真不好答，尤其是面对陌生人。可这一次，答案很容易，因为我一下子就有了发现。"

他给我称量信封时，我热情地说："真希望我能有你那样的头发。"

他有些吃惊地抬起头，脸上露出了笑容。"呃，其实没有以前那么好了。"他谦逊地说。我坚持说也许他的头发不如以前漂亮但还是非常棒。听到我这么说他很高兴。我们愉快地交谈了一会儿，他告诉我很多人都非常欣赏他的头发。

我相信这个职员出去吃午饭的时候肯定是兴高采烈的。晚上回家后他肯定会跟妻子说起这件事，可能他还会看着镜子自言自语地说："真是一头美发。"

一次我演讲时说起了这个事例，一位男士问道："你想从他那儿得到什么呢？"

我想从他那儿得到什么？我能从他那儿得到什么呢？

如果我们只是卑鄙自私地想从别人那里得到回报，我们就无法给予别人哪怕一点点赞赏和快乐；如果我们的内心总像酸溜溜的野苹果，一定会遭遇无法回避的失败挫折。

当然从他身上我确实有所收获，它无法用价值衡量。我体会到为他人做点什么却无须回报的快乐。那种感觉即使在事情过去很久以后还会在你的记忆中快乐地浮现。

约翰·杜威认为永远要让别人感到被重视。这是人类行为规范中最重要的一条。我们必须遵从它以避免陷入困境。实际上，遵循这一规范会让我们交友广阔，永远快乐。如果反其道行之，我们会面临数不清的难题。我们要特别指出，渴求受到重视是人性中最强烈的渴望。威廉·詹姆士曾说过："人性的本质就是渴望赞赏。"我也曾指出，正是这种需求使得人类有别于动物，也正是这种需求产生了文化。

几千年来哲学家们一直在思索有关人际关系准则的问题，最终所有的思考转化为一条黄金法则。有史以来这条法则一直给人类以指导。2500年前波斯的琐罗亚斯德（拜火教创始人）用它教导追随者；2400年前中国的孔子用它谆谆劝导他的门徒；在函谷关它点化了老子（道教创始人）的信徒；恒河岸边佛陀用它感化众生；早在公元前1000年，印度教的圣书已记载了它的意义；1900年前，在犹太（古罗马所统治的巴勒斯坦南部）的石山中耶稣将其概括为一个信念并用它教化众人：己所不欲，勿施于人。

你希望得到周围人们的肯定，希望自己的价值得到承认；你期望在自己的小圈子里是不可或缺的人物。你不愿意听到那些拙劣虚伪的奉承话，可你一定渴望得到真挚的赞赏，你希望朋友和伙伴们能像查尔斯·斯瓦布说的那样，"发自内心而慷慨无比地赞扬你"。我们都会这么想。

所以，信守这条准则并将我们所企盼的施与他人吧，不论对象，随时随地随心去做。

威斯康星州奥克莱尔市的戴维·G.史密斯在课堂上介绍了他如何化解尴尬局面。有一次他被派去管理慈善义演茶点摊位。"义演的当晚我到了公园，发现两位上了年纪的女士心情郁闷地站在茶点摊旁，显然她们都认为自己是负责这个项目的人。我站在那思索如何处理这件事的当儿，赞助委员会的一位委员走了过来，递给我一个装现金的盒子并感谢我负责这次活动。她向我介绍了罗斯和简，说他们是我的助手，然后就离开了。"

"我们站在那儿，沉默着。突然我意识到现金盒勉强算得上是权威的象征，于是把它交给罗斯，解释说我可能没办法一直拿着钱，如果她能保管这个盒子，我会觉得更方便些。然后我建议简给两个被指派来茶点摊服务的少年演示如何操作汽水机，并请她负责这方面的工作。那个夜晚过得非常愉快，罗斯开心地数着钱，简负责管理那两个少年，我则欣赏演出。"

每个人都能运用这一准则创造奇迹，不必非等到你成了法国大使或是做了你的度假屋户外聚餐委员会主席之后。

举个例子，如果女服务员端来一份土豆泥而不是我们点的薯条，我们可以说："谢谢，不过我更喜欢薯条。麻烦你了。"她很可能会说"没关系"，然后很高兴地把土豆泥换走，就因为感到了我们对她的尊重。一些礼貌用语像"抱歉麻烦你……"、"可否请你……"、"你介意……吗？"、"谢谢。"等等能让我们单调忙碌的生活变得滋润顺畅，顺便提一句，这也体现了"仓廪实而知礼节；衣食足而知荣辱"的道理。

再说说另一个例子。霍尔凯恩的小说——特别是其中的《信徒》、《大法官》、《马恩岛人》都是本世纪初最受欢迎的作品，成百上千万的读者阅读了他的小说。身为铁匠的儿子，他只读了8年书，可去世前他已是当时最有钱的文人了。

以下是霍尔凯恩的成功之路：他对十四行诗和叙事诗热爱有加，因此如饥似渴地阅读了但丁·迦百利·罗塞蒂[1]的全部诗歌。他甚至写了一篇文章歌颂罗塞蒂的艺术成就，还把这篇文章寄给了罗塞蒂本人。罗塞蒂当然非常高兴，他很可能自忖道："能对我的才华有如此可贵评价的年轻人一定是非常出色的。"罗塞蒂邀请这位铁匠的儿子到伦敦来并聘他为秘书。从此霍尔凯恩的生活发生了巨大的转变。罗塞蒂秘书的身份让他接触了当时许多文学大家。在他们的指点和鼓励下，霍尔凯恩开始从事小说创作，这项事业最终让他名利双收：不仅身后留下了数百万美元的遗产，格里伯城堡——他在马恩岛上的家，还成为世界各地游客心中的圣地。谁能想得到呢？要不是他写了一篇文章表达了他对一位著名人士的敬慕，他很可能会穷困潦倒，默默无闻地死去。

这就是发自肺腑的诚挚的赞赏所体现出的力量！

罗塞蒂认为自己举足轻重，这并不奇怪，几乎人人都觉得自

---

1 但丁·迦百利·罗塞蒂（Dante Gabriel Rossetti，1828—1882年），英国画家、诗人、插图画家和翻译家。罗塞蒂远离社会问题，不趋向写实画风，执著于象征诗意的表现手法。其深厚的文学修养、高度的诗的热情以及近乎悲剧性的一生，赋予了作品盎然的诗情、朦胧的画意与浓浓的悲剧情绪。

但丁·迦百利·罗塞蒂是19世纪英国拉斐尔前派重要的代表性画家、诗人。

但丁·迦百利·罗塞蒂

己很重要。

尊重他人并让他们感觉到这一点很可能会由此而改变他们的一生。罗纳德·J.罗兰是一位工艺课教师，也是我们在加利福尼亚训练班的指导老师。他写了一个事例，是关于一个名叫克里斯的初级工艺班学生的故事。

克里斯是个缺乏自信的孩子，非常安静、害羞，很少引人注意。当时我还在一个高级班任教，对学生来说能进入高级班学习是特别荣幸的，有点像某种地位的象征。

星期三那天，克里斯在课桌旁勤奋地学习。我真切地感受到了他内心深处的那种热情，于是问他是否愿意到高级班学习。我无法形容当时克里斯的表情，这个羞怯的少年竭力忍住激动的眼泪。

"谁？我吗？罗兰先生，我行吗？"

"你很优秀，克里斯。"

他深深地感动了我，我不得不打住话头以免泪流满面。克里斯的蓝眼睛闪闪发亮，他激动地说："谢谢你，罗兰先生。"然后昂着头离开课堂，仿佛一下子长高了2英寸。

克里斯给我上了一堂难忘的课——每个人心中都渴望得到他人的重视。为了让自己永远记住这条准则，我做了一个写有"你很重要"的牌子，挂在教室的前面，让所有人都能看到。我要以此提醒自己：每个学生都很重要。

几乎所有的人都觉得自己在某些方面要比别人强，这是不争的事实。而要与他人心贴心，就得巧妙地让他们意识到你衷心地觉得他们很重要。

《三女郎》┃罗塞蒂

罗塞蒂所画的女郎长着相似的脸庞，一个个都那么慵懒而忧郁，被称为『千人一面的现代美女』。

记得爱默生说过，"我所遇到的每一个人都有比我优秀的一面，都值得我学习"。

可令人悲哀的是，有些人没有真正的成就，却用令人作呕的炫耀来支撑自我；正如莎士比亚所说，"人，骄傲的人，借着一点肤浅的能力，便在上帝面前胡作妄为，让天使为之落泪"。

我想跟你们说说我在课堂上了解到的一个实例，表明商业人士如何应用这些准则并取得了惊人的效果。一个关于康涅狄格州一位律师的例子（由于他亲戚的缘故，他希望隐去他的名字）。

一结束我们的课程学习，R先生就与妻子一道驱车前往长岛拜会几位亲戚。他太太留下他陪姨妈闲谈，自己则赶紧去看望其他几个年轻点的亲戚。R先生将要以"学以致用"为题做一次演讲，于是，他想在姨妈身上实际体验一下学到的方法。他打量着屋子，想看看哪些方面能让他欣赏赞叹一番。

"这座房子是1890年建成的吧？"他问道。

"是啊，"老人答道，"就是那一年建好的。"

"它让我想起了我的家，美丽，牢固，宽敞。现在已经不会有这样好的房子了。"他说。

"你说的没错，"老人很认同他的说法，"如今的年轻人不在意房子美不美了。只要有一套小公寓就成，然后就开着车到处找乐子。"

"这房子完美无瑕，"她嗓音略带颤动，沉浸在温馨的回忆中，"我们用爱把它建成。丈夫和我一直梦想着拥有这样的房子。我们没请建筑师，都是自己设计的。"

老人带R先生参观了房子，R先生真诚地对他们旅行时收集的物品赞叹不已，那是老人家毕生无比珍惜的珍宝：佩斯利细花披

本画取材于莎士比亚戏剧《仲夏夜之梦》。

《仙后与驴头人及妖精们》| 英国 | 富斯利

肩、古老的英国茶具、韦奇伍德装饰陶瓷、法式的床和椅子、意大利油画，还有曾悬挂在法国古堡的打褶的丝帷。参观完毕，老人带他来到了车库，一辆崭新的帕克卡汽车就停放在那里。

"丈夫为我买了这辆车，可没多久他就去世了。"她轻声地说道，"自那以后我再也没有开过这辆车。你懂得欣赏事物的美丽，我想把它送给你。"

"可是，姨妈，"R先生说，"你让我有点不知所措了。感谢您的慷慨，可我不能接受您的好意。我都算不上是您的亲戚。而且我也有一辆新车，您有很多亲戚，他们肯定都想拥有这辆车。"

"亲戚！"她高声地说道，"是啊，我有亲戚，他们都在等我死了好得到它。可他们休想。"

"要是您不打算把车给他们，也可以把车卖给二手销售商，很方便的。"他又说道。

"卖掉它！"她哭了，"你认为我会卖了它吗？你觉得我能忍心看着陌生人开着它来来回回地跑吗？它是我丈夫为我买的啊！我从未想过要卖掉它。我想把它送给你。你懂得欣赏美。"

他想要拒绝她的好意，可他怎能忍心伤害她的感情。

这位夫人，孤零零地住在大房子里，与她的佩斯利细花披肩、法国古董，还有她的回忆生活在一起，她渴望得到哪怕一点点认同，她也曾青春美丽，追求幸福。她曾用爱建起一座温馨的屋子，走遍世界收集心爱之物装点自己的家园。现在，她老了，只有孤独相伴，渴求人与人之间的温暖，期望得到些许真诚的赞美，可是没有人理会这一切。R先生的赞赏对她而言有如沙漠中的一眼泉水，只有把自己珍爱的帕克卡汽车赠与他才能表达她心中的感激。

再看一个例子吧：唐纳德·M.麦克马洪是纽约来伊市一家名

为刘易斯和瓦伦丁的公司负责人，也是一位苗木培育工和园林建筑师，以下是他讲述的故事：

听完有关"如何赢得朋友并影响他人"的讲座后没多久，我给一位著名的律师设计园林。他嘱咐我说希望能在某处种一大片杜鹃花。我则对他说："法官先生，您的爱好非常有意思。我一直很喜爱您那些漂亮的狗。而且我还知道在麦迪逊广场花园举办的一年一度的表演赛上您总能赢得最高荣誉。"

这微不足道的夸奖却取得了令人吃惊的效果。

"是啊，"法官答道，"养狗确实给了我很大的乐趣。你想看看我的养狗场吗？"

他花了差不多一个小时为我展示他的狗，还有他们赢回来的那些奖牌。他拿出狗的谱系给我解释说正是纯粹的血统才使得他的狗拥有那样美丽的外形和智力。最后他转过身来对我说："你有小孩吗？"

"有，一个儿子。"

"那么他想要一只小狗吗？"他问道。

"太好了，他一定会喜出望外的。"

"好的。那我就送他一只小狗。"法官大声地说。

他告诉我如何饲养那只小狗，又突然停下来说："如果只是说说，你会忘记的。我给你写下来吧。"于是他走进屋子把小狗的谱系和饲养方法打印出来。他送给我一只价值几百美元的小狗，还有他宝贵的1小时15分钟，只因为我对他的爱好和成就表示了真诚的赞赏。

以柯达胶卷闻名的乔治·伊士曼发明了透明胶片，使拍摄电影成为可能。他积聚了1亿美元的财富，成为举世知名的商人。然而，即使取得了如此巨大的成就，他也同你我一样，也渴望获得他人的认可。

伊士曼在罗切斯特市建造伊士曼音乐学校和基尔博礼堂时，纽约高级座椅公司当时的总裁詹姆士·亚当森想拿到给这两处地方提供座椅的订单。于是他给建筑师打电话，约定在罗切斯特市拜见伊士曼先生。那名建筑师对他说："我知道你想拿到订单，但是你必须记住，长话短说，不要超过5分钟，乔治·伊士曼先生是严守时间的人，也非常忙。所以，快点说完马上出来。"亚当森准备照他说的去做。

被引进办公室时，他看到伊士曼先生俯在办公桌上，埋头于一堆文件之中。不久，伊士曼先生抬起头，推了推眼镜，朝建筑师和亚当森走过来，说："早上好。先生们，有什么事吗？"建筑师为他们做了介绍，亚当森说："伊士曼先生，刚才我一直在欣赏您的办公室。我要是能在这样的办公室里工作就好了。我从事室内木工工艺生意，还是第一次见到这么漂亮的办公室。"

乔治·伊士曼先生回答道："多亏你提醒，我都快忘记这一点了。很漂亮，是吗？当初刚建起来的时候，我非常喜欢它。可现在，来到这里，脑子里总想着太多别的事情。有的时候甚至几个星期都不会看这房间一眼。"亚当森上前几步，用手轻抚办公桌的面板，说道："这是英格兰橡木，对吗？纹理质地和意大利橡木稍有不同。"

"是的，"伊士曼先生答道，"进口英国橡木。是一位专门经营优质木材的朋友为我挑选的。"随后伊士曼先生带亚当森参观房间。他们在房间里踱来踱去，欣赏着那些木制品，对其色彩、大

乔治·伊士曼像

小比例、手工雕刻，以及他曾经帮助策划完成的其他装饰效果品头论足。伊士曼先生在一扇窗前停住了脚步，指着窗外的几栋慈善机构，用他朴实而温和的语调告诉亚当森，那是他为了帮助人们而建立的：罗切斯特大学、综合医院、顺势疗法医院、友好医院、儿童医院。亚当森热情地表示他为伊士曼先生利用个人财富减轻人们的苦难而感到骄傲。接着，乔治·伊士曼打开了一个玻璃箱，拿出了他拥有的第一台照相机——他从一位英国人手里买来的新发明。亚当森详细地询问了他有关早年为事业拼搏的经历。伊士曼先生满怀深情地回忆了儿童时期的贫困，描述了他的寡母如何维持一家寄宿公寓，他则在保险代理处当文员的经历。对贫困的恐惧让他无法释怀，促使他努力挣钱好让母亲不用再劳苦。亚当森全神贯注地听着，不时发问，让伊士曼先生深受鼓舞，他还把试验干照相底版的故事也告诉了亚当森。他回忆了当时如何全天工作，有时甚至整夜进行试验的过程，只有在化学反应过程中他才短暂地打了个盹，有时连续72个小时工作，睡觉时也不脱衣服。

詹姆士·亚当森于10点15分被领进伊士曼先生的办公室，被告知谈话不要超过5分钟；可是一个小时过去了，两个小时过去了，他们两人还在交谈。这时乔治·伊士曼转头对亚当森说："上次我在日本买了几张椅子，带回来放在家里的日光室。阳光使得油漆褪了色，于是我到市里买了点油漆，亲手给椅子上了漆。你想不想看看我的油漆活儿做得怎么样啊？好，那就到我家去吧，我们一起吃午饭，然后让你看看我漆好的椅子。"

午饭后亚当森看到了那几张椅子，它们不值几个钱，但大富翁乔治·伊士曼，却为之自豪，因为他亲手为它们上了漆。

那张座椅的订单价值达9万美元，你觉得谁能得到它——詹姆

狄斯累利漫画像

士·亚当森，还是他的竞争对手?

从那时起直到伊士曼先生去世，他与詹姆士·亚当森都是亲密的朋友。

克劳德·马雷是法国鲁昂市一家餐馆的老板。他曾用本章提倡的原则挽留了一位极其重要的雇员。这位女士已经为他工作了5年，是克劳德与他21名员工之间不可或缺的纽带。接到她的辞职信时，克劳德大吃一惊。

"我当时非常吃惊，甚至有些失望。我一直认为对她不薄，总能满足她的要求。她不仅是我的雇员更是我的朋友，大概因为这一点，我总是想当然地对待她，可能对她的要求也比其他员工更高。"克劳德说。

"我当然不能什么也不说就接受她的辞职。于是我把她叫到一边，说：'波莱特，你一定理解我不能接受你的辞职。你对我和我们公司来说都非常重要。这家餐馆的成功你与我一样功不可没。'我在全体员工面前一再强调这一点，并邀请她到家里做客，在家人面前也反复重申我对她的信赖。波莱特收回了辞呈。如今我比以前更重用她。我不断向她表示对她工作的欣赏，强调她对我个人和这家餐馆都很重要。"

精明过人的狄斯累利[1]，这位曾管理过大英帝国的人说："与人们谈论他们自己吧，他们会谈上几个小时。"

原则6　诚恳相待，让对方感到自己的重要。

1　本杰明·迪斯雷利（Benjamin Disraeli，1804－1881），出生于犹太商人家庭。英国保守党领袖，第39、41任英国首相（1868、1874–1880）。他还是一个小说家。

威尔逊总统在演讲

第三章
获得他人的认同

一、争论无胜者

第一次世界大战刚结束时，我在伦敦学到了宝贵的一课。当时我是罗斯·史密斯先生的经理人。战争期间，罗斯先生是远在巴勒斯坦的杰出澳大利亚人。战争刚一结束，他就因驾驶飞机30天内环绕地球半周而震惊世界；以前从未有人能成就如此惊人之举，因而成为轰动一时的大事。澳大利亚政府奖励罗斯先生5万美元；英国国王授予他爵士封号。一时之间，他成为英国国内最受瞩目的人。一天晚上，我参加了一个为罗斯爵士举办的晚宴。期间一位坐在我旁边的先生讲了一个幽默的故事，"无论我们怎样筹划，结局总归由神来安排。"那位健谈者提到该引语出自《圣经》。他错了，我知道他说错了，他绝对错了，我非常确定。为了引起人们的重视并展示自我优越感，我把自己变成了一个冒失鬼，贸然地纠正他的错误。可他坚信自己的说法。什么？出自莎士比亚？不可能！真荒谬！那句话肯定出自《圣经》。

那位讲故事的人坐在我的右边。弗兰克·甘蒙德，我的一位老朋友，坐在我的左边。甘蒙德先生曾花费数年时间研究莎士比亚，所以我和那位先生都同意由他来评判。甘蒙德先生认真地听着，用脚在桌子下轻踢了我一下，然后说道："戴尔，你错了。这位先生是对的。确实是出自《圣经》。"

　　离开宴会回家的途中，我对甘蒙德先生说："弗兰克，你是知道的，那句话确实出自莎士比亚。""当然。"他回答道，"哈姆雷特，第五幕，第二场。可是亲爱的戴尔，我们是客人，在那么欢乐的场合，为什么一定要证明某人犯了错呢？那么做能让他喜欢你吗？为什么不让他保住面子呢？他并没有征求你的意见。他也不想听你的看法。为什么要跟他争辩呢？不能总是那么尖刻对人啊。"我学到了永生难忘的一课。我不仅让那位讲故事的先生难受，更让自己的朋友处在尴尬境地。要是我不那么好争辩，当时的情形就不会那么让人尴尬了。对于我这样积习难改的争辩者来说，这次的教训是非常必要的。少年时我和弟弟什么事都要争论一番。上大学后我研究逻辑和论证，参加辩论赛。我生在密苏里州，我得展示自己。后来，我到纽约教授辩论课程。让人惭愧的是有段时间我甚至打算写一本有关辩论的书。从那时至今我收听、参与并观察了几千次辩论，从中得出了一个结论：世上能赢得辩论的唯一方法就是避免辩论。要像躲避响尾蛇和地震一样避免与人争辩。一场辩论结束时，通常每位参与者都会比任何时候更确信自己的正确。我们无法赢得辩论，因为如果你输了，你就没有获胜；如果你赢了，你还是输了。为什么呢？假如你战胜了那个人，把他的论据批得体

哈姆雷特

无完肤，证明他的愚蠢，那又怎么样，你会感觉良好。可他呢？你让他觉得自己不如人，自尊受到伤害，对你的胜利无比愤怒。然而，一个违心认输的人不会改变自己的观点。

巴恩互助人寿保险公司为他们的员工定了一条规则——不要争辩。一个真正成功的推销员，他决不会跟顾客争辩，即使轻微的争辩，也要加以避免……人的思想，不是那么容易改变的。

几年前，帕特里克·J.奥海尔参加了我的课程训练。他几乎没受过教育，非常喜欢吵架。他曾做过私人司机，之所以来找我是由于一直想尝试销售卡车，却不成功。稍加询问之后我得知他不停地与每一位客户吵架，到处树敌。如果哪一个客户对他销售的卡车有贬责之意，他就会脸涨得通红与对方争个高低。帕特吵赢了很多架。正如他后来跟我说的："我常在走出办公室时说，'我教训了那家伙'，我确实教训了人家，却卖不掉一辆车。"

我首要的难题不是要教帕特里克·J.奥海尔如何交谈。我应该立即训练他学会在谈话过程中克制自己以避免口舌之争。

如今帕特里克·J.奥海尔先生成了纽约怀特汽车公司的明星推销员。他是如何成功的呢？听听他怎么说："现在如果我走进一位顾客的办公室而他说，'怀特卡车？质量可不怎么样！你送我一辆我都不愿意要。我打算买湖式牌卡车。'我就会说：'湖式牌卡车确实不错。买这个牌子的卡车，肯定错不了。生产这个品牌卡车的公司很不错，销售员也很出色。'对方立刻无话可说了。争论也就无法进行了。如果他说湖式牌卡车是最好的，我会附和说确实如此，他只能什么也不说。他没法在我一直附和之下整个下午都坚持说湖式牌卡车是最好的。接下去我们就能换个话题说说怀特卡车的好处了。"

"有段时间顾客一开口就能把我激怒，我一心想着如何贬低湖式牌卡车。可是我越争得厉害，顾客越支持它；顾客跟我争得越多，他越确信那个品牌的卡车比我们公司的强。如今回顾过去，我都奇怪当时我怎么可能卖出去产品。我花了几年的时间去争吵却一无所获。现在我再也不跟顾客争辩了。那是要付出代价的。"

正如睿智的本杰明·富兰克林曾说过的：要是你与人争辩、发火、发生矛盾，也许会赢得几次胜利；可这样的胜利毫无意义，因为你无法取得对手的好感。

所以我们得好好想想，是要赢得无谓的胜利还是一个人的好感。鱼与熊掌我们无法兼得。

当你在争论中高歌猛进时，也许你正确无比；但若想因此而改变一个人的思想却是徒劳无益的，结果跟你自己犯错没什么不同。

弗雷德里克·S.帕森斯是一位所得税咨询顾问，曾与一名政府税务稽查员进行了长达一小时的争论。有一笔9000美元的款项出了问题。帕森斯先生断言这9000美元就是一笔呆账，根本无法收回来，因此这笔钱就不应该缴税。"呆账，胡说八道！"那位稽查员反唇相讥，"这笔账必须缴税。"

帕森斯先生在培训班上讲述这件事时说道："他既冷漠、傲慢，又固执，跟他摆事实讲道理根本是浪费时间。……而且越跟他争辩，他越顽固不化。我决定不再跟他争辩下去。于是我换了个话题，开始对他表示赞赏。"帕森斯先生是这样做的：

"'我觉得，与那些非常重要而且很难做出的决定相比，这件事对你来说不算什么。我仔细研究过征税问题，但我学到的不

本杰明·富兰克林像

本杰明·富兰克林·18世纪美国最伟大的科学家和发明家·著名的政治家、外交家、哲学家、文学家、航海家以及美国独立战争的伟大领袖。

158

过是书本里的知识。你对征税问题的了解却来自一线工作经历。有时候我希望也能做你的工作，肯定会让我受益匪浅。'我发自内心地说。坐在椅子上的稽查员挺直了脊背，开始说起了他的工作，告诉我他如何揭露那些巧妙的欺诈。他的语调越来越友好，不久他又跟我说起了他的孩子们。在告辞前他说会仔细考虑这件事，几天后再告诉我他的决定。三天后，他通知我说他已决定把那笔税款一分不少地退回来。"

这位税收稽查员的表现恰恰证明了一条最具普遍性的人性弱点。他渴望的是被尊重的感觉。只要帕森斯先生跟他争辩，他就高声说话以维护自我的权威感。一旦他的重要性得到了对方的承认，他也就偃旗息鼓了，他增强了自尊，也因此变得友善而富有同情心了。

佛陀说："只有爱能消除恨。"争辩无法消除误解，只有变通、策略、抚慰和愿意理解他人才能消除彼此的误解。

林肯曾因一位年轻军官喜欢与某同事激烈论战而斥责过他。林肯说："决心取得成功的人不会把时间浪费在争论个人主张上。而且很少有人承受得起诸如情绪恶劣、失去自控力等后果。你不要再为权利平等而争论不休，也要放弃那些明显属于你个人的小事。与其跟狗争道不如给狗让道。若被狗咬，杀了它也无济于事。"

《琐事》里的一篇文章论述了谈话双方如何避免由意见不一致变为争吵：

乐于接受不同意见。记住这句话："如果双方总是意见一致，其中一方就是多余的。"如果对方的异议补充了你没考虑到的某方面，要感谢别人给你提了醒。也许对方的异议能使你避免犯下严重错误。

不要相信自己的第一印象。遇到不同意见时我们的第一反应就是为自己辩护。要注意保持冷静，观察自己的反应。你的第一反应很可能表现的是最糟糕的你而非最优秀的你。

控制自己的脾气。记住，你可以通过衡量使某人生气之事的大小判断他气量的大小。

先听听对方的意见。让反对者表达自己的意见，要让他们说完。在对方说话时不要带有抵触情绪，不要急着辩护或争论，那样做只会增加隔阂。要努力构建相互理解的桥梁而不是高筑导致误解的壁垒。

求同存异。听反对者说完后，先仔细想想他的意见里有没有与你的看法相一致的地方。

待人要诚实坦率。承认自己的错误并坦诚相告。要为自己的错误道歉，这有助于消除反对者的敌意和防卫心理。

允诺认真考虑对手的意见并予以仔细研究。要说到做到。反对者的意见也可能是对的。同意考虑对方的看法总好过一意孤行，到头来却发现自己犯了错而听到类似"我们试图告诉你，你就是不听"这样的话。

真诚地感谢反对者给予你的关注。一个人若肯花时间不认同你的看法，他一定跟你一样对同一件事情很感兴趣。把他们看作是真想帮助你的人，那样你也许能将对手变成朋友。

不要急于付诸行动，给双方思考的时间并得出结论。建议当天晚些时候或等到第二天所有论据都可以利用时再召开会议。在准备会议期间，给自己提些问题：

对方的意见可能是正确的或部分正确的吗？对方的立场是否正确或者他们的反对意见也许很有价值？我的反对能解决问题吗？还是只不过减轻一些自己的沮丧？我的反对是把对手推得更远还是把他们拉得更近？我的行为会提升人们对我的评价和尊敬吗？辩论的结果会是赢得还是失去？如果我获胜，要付出什么代价？如果我沉默不语，争执就会烟消云散了吗？这样的处境对我来说是否是一种机遇呢？

男高音歌唱家简·皮尔斯在结婚将近50年时曾说过："很久以前我与妻子就约定，一方生气大喊大叫时另一个人必须听着——因为两个人都大声喊叫就意味着没有交流，只有吵闹和糟糕的心情。一直以来，无论生多大的气，我们都遵守这份协议。"

原则1　赢得争论的唯一方法就是不要争论。

二、尊重他人，不树敌

西奥多·罗斯福担任总统期间曾坦言道，他对自己的最高期望是对事物的判断能有75%的正确率。如果这就是罗斯福，这位20世纪最杰出的人士所期望达到的最高目标，那么如你我之普通人又将如何呢？

假如你能肯定自己的正确率有55%，你可以去华尔街，一天挣100万美元。假如你无法确定自己的正确率有55%，你怎能对别人说是他们错了呢？

你可以用话语，也可以用表情、语调或是一个动作明白无误地告诉对方他们错了，但是他们愿意认同你的看法吗？永远不会！因为你在智力、判断力、自豪感和自尊等方面给他们以迎头棒喝，那只能促使他们反击，决不会让他们改变自己的观点。你还可以用柏拉图或是伊曼努尔·康德[1]的逻辑推理方法猛烈地攻击他们，但你改变不了他们的观点，因为你伤害了他们的感情。

决不能以"我要向你证明如此这般"为开场白。那样做就等于宣称"我比你们更聪明，由我来跟你们说那么一两件事，我要让你们改变想法。"那样做是在向别人发出挑战，很不好，会引

---

1 伊曼努尔·康德（Immanuel Kant，1724—1804），德国哲学家、天文学家，星云说的创立者之一。

起人们的反感，让对方觉得有必要跟你争斗一番。

即使是在对你最有利的情况下，要改变他人的想法也不容易，为什么还要把情形弄得更糟糕而不利于自己呢？

证实一件事要不露痕迹，不动声色地进行。亚历山大·蒲柏[1]曾一语中的：授人于无形之中，显未知于不觉之中。伽利略在300多年前也曾说过：你无法教给人们知识，只能帮助他们自己去发现。

切斯特菲尔德伯爵[2]告诫儿子：能力所及，就要比他人更明智，但切不可明示他人。

苏格拉底也曾反复教导弟子们：我只知道一点，那就是我一无所知。

我认为自己不可能比苏格拉底更睿智，所以我不再指出别人的错误。结果却发现这么做很值得。

要是有人说了些你认为不正确的话，当然了，即使你知道他说的是错的，若是你能这样对他说岂不是更好：好吧，我不这么认为，但可能是我错了。我经常会这样，如果是我错了，我希望能得到纠正。我们仔细考查一下实际情况吧。

"可能是我错了。我经常会这样，我们仔细考查一下实际情况吧。"这些句子有着神奇的作用。无论是上天、入地还是潜入

1　亚历山大·蒲柏（Alexander Pope，1688–1744），18世纪英国最伟大的诗人，杰出的启蒙主义者。他的第一部重要作品是1711年出版的诗体《批评论》，其中许多名句已经成为英语成语。

2　切斯特菲尔德伯爵（1694–1773），英国著名政治家、外交家及文学家，1726年继承爵位，1728年出使荷兰，1745年任爱尔兰总督，还曾身兼国务大臣等职位，表现出杰出的政治才干。著作《致儿子的信》（"letters to his son"）是伯爵写给儿子的家书，其内容说理透彻，辞藻华丽，在英国上流社会广为流传，被誉为"绅士教育的教科书"。

亚历山大·蒲柏像

海洋，没有人会反感听到这样的话语。

我们训练班上有一个学员就使用了这个方法与顾客打交道。他叫哈罗德·莱因克，是美国道奇汽车在蒙大拿州比林斯地区的经销商。在发言中他坦承由于汽车行业压力巨大，在处理顾客的投诉时他经常是冷漠而且麻木不仁的。他的态度导致了客户的震怒，生意的流失以及种种常见的不愉快。

"意识到这样做让我一事无成之后，我开始尝试新的处理方式。通常我会这样开头：'我们专卖行出了这么多的错，我时常为此感到羞愧。在您的事情上可能我们也犯了错，跟我说说情况吧。'这个方法很能帮助人们消除怒气，等客户发泄完愤怒，到了要解决问题的阶段，他们往往已经非常冷静理智了。实际上，有好几位客户因我的善解人意而表示了感谢。而其中的两位客户甚至介绍了朋友来买车。在激烈的市场竞争中我们需要更多这样的顾客。我相信，尊重顾客的意见，委婉而礼貌地与他们打交道将有助于我们在竞争中胜出。"

承认自己有可能犯错决不会给你带来麻烦，反而会平息所有争论，激发对手变得像你一样的公正、开明、心胸广阔，会让他愿意承认自己有可能也犯了错。

杰出的心理学家卡尔·罗杰斯[1]曾在其著作《成为一个人意味着什么？》中写道：

1　卡尔·罗杰斯（1902-1987），美国心理学家，人本主义心理学的主要代表人物之一。从事心理咨询和治疗的实践与研究，并因"以当事人为中心"的心理治疗方法而闻名。1947年当选为美国心理学会主席，1956年获美国心理学会颁发的杰出科学贡献奖。

当我要求自己去领会他人话语中的含义时，我意识到了这样做的非凡意义。也许我这样说让你们很不理解。有必要要求自己去领会他人话语的含义吗？我认为很有必要。我们对大多数言论（从别人嘴里听到的）的第一反应就是去评判，而不是去领会。在听到某个人表述他的感受、看法或是信仰后，我们往往马上就会觉得"那样说是正确的"，或者"那样很愚蠢"，"太反常了"，"真不可理喻"，"很不正确"，"那可不太好"，等等。我们很少会要求自己去恰当地领会他人话语，几乎不知道那些表述对他人而言有何意义。

我曾聘请了一名室内设计师为我家制作帷帘。看到账单时，我心里很不快。

几天后，一位朋友来访，看到了新做的帷帘。当我们说到帷帘的价格时，她不由分说地惊呼道："多少？太过分了。你恐怕是上当了。"

她说的对不对？对，她说的是事实，可是，有谁乐意听到那些怀疑他们判断力的话呢？于是，我本能地开始为自己辩护。我强调说最好的其实就是最便宜的，因为我们不可能以低廉的价格买到既有质地又有艺术品位的商品，等等。

隔日，另一位朋友来家走访，对帷帘赞不绝口，禁不住激动地表示希望自己也能买得起这样设计精美的作品。这次我的反应却大不相同，"唉，其实我也买不起。太贵了，我买的并不合算。真后悔订购了这些帷帘。"

当我们意识到自己犯错时，可能会在心里承认这个事实。

要是别人温和委婉地对待我们，我们也许会向他们承认自己犯了错，甚至还会为我们的坦率和心胸开阔而自豪。但是如果有人故意为难，让我们感到不快，那情况可就不一样了。

贺拉斯·格里利是美国内战时期最著名的编辑，对林肯的各项政策持激烈的反对态度。他以为辩论、嘲讽和辱骂就能迫使林肯转变态度。他月复一月，年复一年地从事着这令人难以接受的行动。事实上就在林肯总统被布斯枪杀的当晚，他还针对总统写了一篇言辞尖刻无礼，充满讥讽和人身攻击的文章。

这种种怨恨讥讽使得林肯认同格里利的意见了吗？根本不起作用。嘲讽和辱骂永远带不来你想要的东西。如果你想获得有关与人相处、自我管理和改善个性的绝妙建议，不妨读一读本杰明·富兰克林的自传——一本最令人着迷的传记，美国文学经典著作之一。在书中，本杰明·富兰克林讲述了自己改掉争强好辩的不良习惯，转变为美国历史上能力最强、态度最平和、言语最得体之人的经历。

在富兰克林还是个浮躁的年轻人时，一位年长的贵格会教友把他叫到一旁，用尖锐的事实对他进行了斥责。内容如下：

本，你让人无法容忍。你表达观点的方式挫伤了那些与你意见相左的人。你的表达如此唐突无礼致使无人愿意接受。你不露面会让你的朋友们觉得更自在。你总是无所不知，没有人知道能跟你说什么。真的，没有人愿意试着与你交谈，因为结果只会导致不愉快和麻烦。

美元上的富兰克林像

在我所知道的有关本杰明·富兰克林的事情里，最出色的一件事就是他接受这一尖刻斥责的方式。他的大度和明智足以让他意识到友人的话没有错，他发现自己正处于失败和被孤立的境地。于是他马上着手改变自己傲慢无礼、固执己见的处事方式。他彻底地转变了。"我给自己定了一个规矩，"富兰克林说，"不得直接驳斥别人的观点，不得断然肯定自己的意见。我甚至禁止自己使用那些含有固执意味的词语，比如'当然'、'毫无疑问'等，取而代之以'我以为'、'我明白'或'我猜想'事情是如何如何的，或者'目前在我看来如何如何'。当我觉得他人所表达的意思不正确时，我不允许自己进行鲁莽地驳斥，也不会以即刻指出其主张的荒谬为乐。我会这样回应：在特定情形或环境中，他的观点可能是正确的，不过就当前而言，我觉得情况就不一样了，如此等等。很快我就发现了这种态度转变的好处。我参与的谈话进行得更为愉快；我提出意见时谦逊的态度使得他们更乐于接受，抵触情绪大大减少；当我发觉自己错了的时候也不会再感到特别耻辱；当我碰巧意见正确时，能更容易让对方放弃他们的错误观点，接受我的意见。

"起初我不得不强迫自己使用这种方式，最后我却能轻松自如地应用它。过去50年来没有人再听到我说一句傲慢专断的话。我相信正是由于这种习惯（由于性格的完善），在加入公共委员会后我的影响力不断增加，不论是提议建立新制度还是建议改变旧制度，我都得到了民众的支持。我挫于言辞，不善雄辩，遣词造句总得搜肠刮肚，难得正确表达。但是我一般都能说服大家接受我的观点。"

在商业领域使用本杰明·富兰克林的方法，效果如何呢？且看两个例子。

北卡罗来纳州的凯瑟林·Ａ是一家纱线加工厂的工程主管。她在训练班上讲述了自己在参加培训班前后是如何处理一个敏感问题的：

"我的职责之一是为技工建立激励制度并维护其标准，以鼓励他们生产更多的纱线，挣更多的钱。过去我们生产的纱线品种少，只有两三种型号，一直沿用的激励制度效果也很好。可是近来，我们增加了存货，扩大了生产能力，我们能够经营超过12种不同型号的纱线品种了。现行的激励制度不再适于按工作表现来支付工人们的报酬，也无法激励他们增加产量。因此我制定了新的系统，能根据工人生产的纱线等级进行报酬的支付。新系统在手，我决心在会议上向管理层证明它是行之有效的。我详细地指出旧制度如何不公正，还向他们保证我拥有能够解决所有问题的方案。这么说吧，结果是我惨败收场。我只忙着为新系统辩护，却没能让与会者平和地承认旧制度的问题。事情自然是无果而终。"

"学习了几次训练课程之后，我充分认识到我错在哪里了。我又召开了一次会议，这一次我让他们自己思考旧制度的问题出在哪里。我们就提出的每一条问题都进行了讨论，并就如何推进问题的解决征求他们的意见。每隔一会儿我会低调地提出几条建议，让他们接受并自由讨论，最终逐步形成了我所期望的方案。会议结束时我正式地提出我的新系统，他们满腔热情地接受了。"

"现在我确信，假如你直截了当地指出某人的错误，是不会有什么好结果的，甚至是非常有害的。你只会剥夺他人的自尊并使自己成为不受欢迎的人。"

再看看另一个事例——请记住我引用的这些事例往往是最具有代表性的。

R.V.克劳利是纽约一家木材公司的销售员。几年来，克劳利一直试图让那些严苛的木材检验员承认是他们错了。而他也确实在双方的争辩中取得了胜利。只是这胜利没有任何用处。"因为这些木材检验员就像是棒球裁判一样，一旦做出裁定，就永远不改。"

克劳利先生发现，尽管自己在争辩中屡屡获胜，他的公司却损失了数千美元。因此，在参加我们训练课程的同时，他决心改变策略，摒弃争辩的习惯。结果如何呢？以下是他对训练班同学们讲述的事情经过。

"一天上午办公室的电话铃响了起来。电话那头一个焦虑不安的声音通知我，说我们运到他工厂的一车木材不合格。他的工厂已经停止卸货，他要求我们马上安排运走堆在他们场院里的木材。原因是在大约1/4的木材被卸下车后，他们的木材检验员报称那些木材品质低于标准等级55%，这种情况下，工厂拒绝接收这批木材。"

"我立刻赶往那家工厂，一路上反复思考着最佳解决方案。通常在这种情况下，根据自己曾做过木材检验员的经验和专业知识，我本该引用分级标准，设法说服那位检验员，让他认可这批木材是符合标准的，是他曲解了分级标准。不过这一次，我想应该用一用我在培训课程中学到的那些原则。"

"一到工厂我就发现采购员和检验员的心情都极为糟糕，

双方僵持着似乎要好好地争斗一番。走到正被卸货的汽车旁，我要求他们继续卸货好让我一探究竟。然后我请求检验员也继续工作，像他之前一直做的那样，把等外品摆列在一起，合格品摆在另一堆。"

"观察了一阵子后我慢慢明白了问题所在，检验员的验查过于严格了，他确实曲解了等级标准。这批木材是美国五针松，我知道这位检验员在阔叶树材方面得到了充分训练，但对于美国五针松来说，他不是一位合格的、富有经验的专家。而五针松却恰恰是我的强项。那么我是否就他的分级方法提出了不同看法呢？完全没有。我继续观察着，然后逐渐开始问些为什么某些木材不是合格品之类的问题。我并没有含沙射影地说他错了。我强调说，我提问的唯一原因是为了将来能够给他们提供符合其要求的木材。"

"提问时友好合作的态度，一直坚信摆列不合格样板的做法很合适，等等，我的这种种表现让他对我慢慢亲热起来，双方的紧张状态开始缓和并逐渐消退了。一句从我的角度出发的不经意的话语触动了他，让他意识到很可能一部分等外品其实是可以定为合格品的，而符合他们要求的木材价格则更高。当然我非常小心谨慎，没让他觉得我是在这方面做文章。"

"慢慢地，他的态度完全改变了。他坦承自己在五针松方面并不在行，尔后每从车上卸下一段木材来，他都向我提问，我就跟他说明为什么那段木材符合规定的标准等级，但我依然坚持说如果不合他们的意向，我们不会强求。终于，他直截了当地说每次把一段木材放在等外品那一堆时他都感到很负疚。他终于明白错在他们，因为他们没有详细说明所需要的木材等级。"

李将军其人很有人格魅力。斯通沃尔·杰克逊曾说：「我绝对信任李将军，哪怕是他蒙上双眼，我都愿着他走。」

李将军在 1863 年

"最终，在我离开后，他再次检查了整车货物并全部接收，我们则拿到了全额支票。

"在这件事上，一点外交手腕，再加上避免直言对方出错的决断力，我为公司挽回了一大笔钱，而这样做所挽回的信誉是难以用金钱来衡量的。"

曾有人问马丁·路德·金，作为一名和平主义者，他为何会崇拜空军的"花花公子"丹尼尔·詹姆斯——当时美国军衔级别最高的黑人将军，他的回答是："我以他人的准则而非自我的准则作为评判他人的标准。"

同样的，著名将军罗伯特·E.李有一次对当时的南部联盟总统杰斐逊·戴维斯提到其麾下的一名军官，对其大加赞赏。在场的另一名军官听了很是吃惊。"将军，"他说，"您不知道那个您称赞不已的人是您的死敌吗？他无时无刻不在诋毁您啊。"

"我知道，"将军回答道，"不过总统问我对他的看法，并没有问他对我的看法。"

顺便说一句，在本章中我并没有揭示什么新的观点。耶稣在2000年前就说过："要赶紧赞同你的敌手。"公元前2200年，埃及国王阿卡托伊给自己的儿子提出了明智的建议——也是当今世界迫切需要的，"要有策略，"国王忠告儿子道，"只有使用策略才能助你达到目的。"

换言之，不要跟顾客、伴侣或是对手争吵，不要直接指出他们的错误，不要激怒他们。处理人际关系时要使用一点策略。

原则2　尊重他人观点，决不说"你错了"。

三、勇于承认自己的错误

离我家步行不到一分钟的地方是一大片原始森林。春天时，那里的黑刺莓丛开满了白花，松鼠在树上安了家，养育幼仔，莴苣长得有马头那么高。这是一片未受破坏的林地，被称为森林公园——它就是森林，现在的状态可能与哥伦布发现美洲时它的状态没什么不同。我常常带着我的波士顿斗牛犬——雷克斯——在公园里散步。雷克斯是一头友善不会伤人的小猎犬，而且在公园里散步时我们很少碰到其他人，所以我没给雷克斯系上皮带或是戴上口套。

一天，我们在公园里碰到了一位骑警，一位渴望显示其威严的警察。

"你为什么不给你的狗系上皮带，戴上口套，还让它在公园里乱跑？"他训斥我道，"难道你不知道这样做违反了法律吗？"

"我知道。是违法。"我怯懦地答道，"可是，我觉得它不会伤害人的。"

"你不觉得！你不觉得！法律可不管你怎么想。这只狗可能会咬死松鼠，也可能会咬到孩子。这次，我就对你从轻发落吧。可要是让我再看到它没戴口套或系上皮带，你就只能去跟法官求情了。"

我老老实实地做了保证。

当然我确实遵守了法律——有那么几次。可雷克斯不喜欢口套，我也不喜欢让它戴那个玩意儿，所以我们决定碰碰运气。刚开始一切都很称心，随后我们就遇上麻烦了。一天下午，我和雷克斯在山坡上奔跑，突然，我看到了"威严的法律"，骑在一匹栗色马背上，我感到有些惊慌失措。雷克斯冲到前面去了，直奔那位警官。

我有麻烦了，我很确定。因此没等那位警官说话，我就抢先开口了。"警官，我被抓了个正着啊。"我说，"我有罪。我不辩解也不找理由。上星期你就警告过我了，如果我再把没戴口套的狗带到这儿来，你就要罚我。"

"哦，现在啊，"警官语气温和地回答说，"我理解，周围没人的时候，总想让这样的小狗到处跑跑。"

"确实会忍不住这么想啊，"我答道，"可这是违法的。"

"不过，这样的小狗不会伤害任何人的。"警官对此表示异议。

"是的，它不会伤人的，但它可能会咬死松鼠。"我说。

"其实呢，我觉得你对这件事有点儿过于认真了。"警官对我说，"我教你怎么办吧。你只要让它跑过那边的小山，我看不到它了，这事就算完了。"

那位警官，出于人的本性，渴望受人重视。当我开始自责时，能突出其自尊的唯一方式就是采取宽宏大量的态度，宽恕我的错误。

假如我竭力为自己辩护呢？你知道跟警察争辩会是什么后果吧？

我没有跟他争辩好一决胜负，相反，我承认他说的完全正确，而我自己确实犯了错。我迅速、坦率、积极地承认了自己的错误。由于我们都站在对方的立场上考虑问题，这件事得以体面地结束。就算是切斯特菲尔德伯爵也比不上这位骑警的和蔼可亲，不过，正是这位警官，一周前还威胁说要控告我呢。

如果我们无论如何都要遭人非难，那么先做自我批评是不是更有利呢？听自我批评难道不比忍受外人的谴责要轻松得多吗？把别人想到的、想说的或打算要说的那些有损于你的事在他们有机会开口前自己先说出来，这样他们很可能会采取宽宏大量的态度，你的错误也会被尽力缩小，就像那位骑警对待我和雷克斯一样。

商业广告艺术家费迪南德·E.沃伦利用这个技巧赢得了一位暴躁刻薄的客户。

"在为广告业和出版业制图时，精确无误是非常重要的。"沃伦先生如是说。

"有些美术编辑要求即刻执行他们的委托，在这种情况下出现小错误就不可避免了。我认识一位美术编辑，他特别喜欢挑小毛病。我就经常满怀愤慨地离开他的办公室，不是因为被批

美国街头的卡通广告

评，而是我受不了他斥责人的方式。最近我交给他一份紧急赶制的作品。他打电话要求我立刻到他办公室去，说发现了错误。我一到那儿就发现情况果然不出我所料——这让我担心害怕。他显得很不友好，对我冷眼相对，气冲冲地问我为何如此这般。我在训练班学习的自我批评技巧有机会应用一番了。于是，我对他说：'某某先生，如果你说的是对的，那么我负有责任，而且没有任何借口可以为我的错误开脱。长期以来我一直为你制图应该很清楚这一点。我替自己感到羞愧。'他却立刻开始为我辩护：'确实如此，你说的没错，但是毕竟不是个很严重的错误。只不过——'我打断他的话，'任何错误，'我说道，'都有可能造成很大的损失，而且错误总会使人愤怒。'他想要插嘴，不过我没让他那么做。我很开心。有生以来第一次我做起了自我批评——我很喜欢这种感觉。"

"'我本应该更仔细一些的，'我继续说着，'你委托给我很多工作，我应该尽力呈现最好的作品。我打算把这张图重新做一遍。'"

"'不用，不用！'他表示反对，'我不想让你那么麻烦。'他称赞我的工作，向我保证说他只想对图片略作修改，而且我这点小错不会让他的公司损失什么钱；毕竟那只是一个小问题——不值得担心。"

"我勇于自我批评的热诚化解了他的对立情绪。最后他请我吃午餐，告别之前给了我一张支票，还有另一项工作。"

勇于承认自己的错误能够让对方感到一定程度的满足，这么做不仅能消除内疚辩解的情绪，而且有助于解决因错误而引发的问题。

在新墨西哥州阿尔伯克基市，布鲁斯·哈维同意为一个休病假的员工支付全额工资。但这么做是违反制度的。当他发现自己出错后，将事情告知了该员工，并说明为了纠正错误，他不得不在该员工下个月的工资里扣除全部多发的部分。该员工恳求说那样做会给他带来严重的财务问题，能否在一段时间内分次归还那笔钱？哈维解释说，他必须得到主管的允许才能那么做。"我知道这样做会引起上司的勃然大怒。在试图找出更好的解决办法时，我意识到整件麻烦事都因为我而起，我得跟老板承认这一点。"

"我走进老板的办公室，说我犯错了然后将整件事向他做了汇报。他异常气愤，说那是人事部门的错。我重申那是我的错。他又怒气冲冲地指责会计部门的粗心大意，我再次向他解释说一切都是我的错。他又把责任归咎于办公室里另两个人。但每一次我都反复地说明是我的错。终于，他看着我，说道：'好吧，是你的错。那就改正过来吧。'错误得到了纠正，也没有人遭到指责。能妥善化解紧张局势，不找借口，勇敢地承认错误，这样做让我感觉非常棒。此后，老板也对我更多了一份尊重。"

任何愚蠢的人都会试图为自己的错误辩解——大部分蠢人都是这么做的——但勇于承认自己的错误却使你与众不同，出类拔萃，还能使你体会到崇高喜悦的情感。举个例子，据历史记载，葛底斯堡战役中皮克特将军的进攻失败了，而罗伯特·E.李的伟大就在于，对这次突击失败他只进行自我批评。

皮克特突击[1]无疑是西方历史上最辉煌也最不寻常的一次战斗。乔治·E.皮克特[2]自己就是个特立独行的人。他赭色的头发长及肩膀，而且，如同拿破仑在意大利战役时一样，他几乎每天都要在战场上写下炽热的情书。在那个悲惨的7月的下午，忠诚的战士们向将军欢呼，将军的军帽很有个性地斜戴着，志得意满地骑着马前往联军的阵地。士兵们追随着自己的将军，人挤着人，队挨着队，军旗在空中飘扬，刺刀在阳光下闪烁。好一派勇猛无畏的雄伟景象。联邦军队看到了也不禁发出低沉的赞叹声。

皮克特的部队迅速策马前进，穿过树林、农田，越过牧场，翻过山涧。敌人的大炮一直紧紧跟随，炮弹将他们的队形轰散，士兵们仍奋勇向前，不可阻挡。突然，埋伏在公墓岭的联邦步兵团从石墙后面探出头来，一时间子弹齐飞，射向正在冲锋的皮克特的部队。几分钟的工夫，山顶上一片火海，像一座喷发的火山，更像一座屠宰场，皮克特的旅长们只有一位幸存，5000名士兵牺牲了4/5。

路易斯·A.阿米斯德将军率领战士们发起最后的冲锋。他冲在最前面，跃过石墙，挥舞着顶在剑尖的军帽，大声喊道："杀啊！弟兄们！"

战士们做到了。他们跳过石墙，将刺刀刺向敌人，把步枪当

1　皮克特突击，南北战争期间最惨烈的攻击之一，仅持续一个小时，以南方军队的惨败结束。双方约有12000人牺牲。皮克特师伤亡最为惨重，除他本人及其参谋人员外，几乎所有校级以上的军官全部战死。皮克特师下辖3个旅的所有旅长两死一伤，另外13名上校全部阵亡。伤亡人数占全师的42%。

2　乔治·E.皮克特（George Edward Pickett，1825－1875），南北战争期间南方军队少将，为李将军属下的得力干将之一。其名尤闻于盖茨堡战役第三天的皮克特突击。生活中却与林肯总统为终身好友。战后穷困潦倒，因病逝世。

杰菲逊·戴维斯

做棍棒击碎敌人的头颅，将南方联盟的军旗插在了公墓岭上。军旗的飘扬尽管短暂，却记录下了南部联盟最辉煌的一刻。

皮克特的突击无疑是英勇辉煌的，却也是失败的开始。李将军失败了，他不可能打入北方了。他非常明白这一点。南部联盟注定要失败了。

李将军在悲痛震惊之余，向南方联盟总统杰菲逊·戴维斯递交了辞呈，请求任命"一名年轻有为之人"代替他。要是李将军想把皮克特突击的惨败归咎于其他人，他可以一下子找出20个借口。一些师长辜负了他的期望。骑兵部队没能及时支援步兵的进攻。总之事事都不顺。

可是，李将军的高贵品格决定了他不会将失败归咎于他人。皮克特伤亡惨重的败军溃退到联盟军队阵地时，罗伯特·E.李只身策马迎接他们，以高风亮节的自我谴责将失败揽在自己身上。他恳切地说："这一切都是我造成的，是我，我一个人输掉了这次战斗。"

历史上没几位将军有这样的勇气和品格承认自己也会犯错。

埃尔伯特·哈伯德[1]是我国最具独创性的作家之一，他曾以尖刻的文字激起人们强烈的愤恨，搅得天下大乱。但他杰出的待人处事的技巧常帮助他化敌为友。

有一次，一位恼怒的读者写信来说他如何如何不赞同某篇文章，最后更是对哈伯德大加指责。埃尔伯特·哈伯德是这样回应他的：

---

1 埃尔伯特·哈伯德（Elbert Hubbard，1856–1915），美国作家、出版人、艺术家和哲学家。代表作是《致加西亚的信》。

埃尔伯特·哈伯德

回过头来仔细想想，我自己也不认同这篇文章。昨天写的东西到了今天也不全让我喜欢。我很高兴了解到你就这一主题进行的思考。下次有机会到本地来时一定要来看我们，我们可以好好地讨论研究这个主题。就此停笔，握手致谢。

您真诚的朋友

这样一个对你以礼相待的人，你还能跟他说什么呢？

正确时我们应尽力平和巧妙地使人们认同我们的思路，错了的时候——坦白地说，这种情况经常发生——我们必须迅速而积极地承认错误。这样做不仅能得出出人意料的结果，而且，信不信由你，在这种情形下，比起竭力为自己辩解，认错能让你更快乐。

请记住这条古老的谚语：争斗永远不会让你感到满足，让步却能得到意外收获。

原则3　如果犯了错，就果断地承认吧。

四、一滴蜂蜜的作用

如果心情糟糕，去跟别人说说，你的情绪会得到很好的宣泄。但是听的那个人会怎么样呢？他会分享你的喜悦吗？你咄咄逼人的语气，毫不友善的态度，能让他轻易赞同你的看法吗？

"要是你手握双拳攻击我，"伍德罗·威尔逊[1]说过，"我担保我的拳头要比你的更快；当然，要是你过来对我说：'坐下来让我们共同商量一下，如果我们意见不合，了解一下为什么会有分歧，明白我们的分歧是什么，'那么我们很快会发现其实我们的分歧根本没那么大，我们的不合的地方很少，意见一致的地方倒很多，只要我们耐心，坦诚，有意愿要达成协议，那么我们就能取得一致意见。"

没有谁比小约翰·D.洛克菲勒更理解伍德罗·威尔逊所说的话了。早在1915年，洛克菲勒曾是科罗拉多州最受鄙视的人。当时美国工业史上最血腥的一次罢工已持续了两年之久，整个州都为之震惊。被激怒的矿工们要求科罗拉多燃料和钢铁公司为他们增加工

1　托马斯·伍德罗·威尔逊（Thomas Woodrow Wilson，1856－1924），美国第28任总统。他曾先后任普林斯顿大学校长、新泽西州州长等职。1912年总统大选中，由于西奥多·罗斯福和威廉·塔夫脱的竞争分散了共和党选票，他以民主党人身份当选总统。迄今为止，他是唯一一名拥有哲学博士头衔的美国总统（法学博士衔除外）。1962年历史学家对31位总统的投票排名，威尔逊高居第4位，仅次于乔治·华盛顿、亚伯拉罕·林肯和富兰克林·罗斯福。

小约翰·洛克菲勒，美国工业家、慈善家，是石油大王约翰·洛克菲勒唯一的儿子及继承人。

小约翰·洛克菲勒像

资；而洛克菲勒当时正掌控着这家公司。公司财产受到破坏，军队也出动了。鲜血流淌，罢工工人们被枪击，身上是累累枪眼。

在那样充满仇恨的时期，洛克菲勒想让罢工工人与他一条心，他也确实做到了。他是怎样达成目的的呢？以下是事情的经过。

在与罢工工人交了数周的朋友之后，洛克菲勒对罢工代表发表了一番讲话。这番演讲总体看来可称得上是经典之作，引发了不可思议的结果。它平息了能吞噬洛克菲勒的仇恨情绪，为他赢得了众多的崇拜者。他的讲话友好而亲切，竟让工人们将自己为之奋力争取的加薪置之脑后，又回到厂里工作了。

我们来读一读那篇非比寻常的演讲词的开头吧。请注意它字里行间洋溢着的友好与亲切，我们还要记住的是，洛克菲勒是在和那些几天前还想着把他吊死在酸苹果树上的工人们讲话。即使是对医疗传教士发表讲话他也无法做到比这更亲切友好的了。他的讲话中充满了这样的字句：我很高兴能到这儿来，我到你们家里拜访过，见到了你们中许多人的妻子儿女，我们不是陌生人，我们像朋友一样在这里相会，基于我们的友谊，我很高兴有机会与大家商讨我们的共同利益。

"今天是我一生中值得纪念的日子，"洛克菲勒开始了他的演讲，"是我第一次荣幸地见到了我们这个大公司的职工代表、行政官员和高级管理人员。能来到这里我感到万分自豪，对此我非常肯定。这一次的相聚我将永生铭记。如果我们两周前举行集会的话，对你们大多数人来说，我只是一个陌生人，只认识很少的几个人而已。上周我有幸拜会了南部煤田宿营地。除了外出不在营地的代表之外，我有机会与余下的代表进行了个别交谈。我去到诸位的家里拜访，见到了大家的妻子儿女。现在我们作为朋友而不是陌生人在这里相聚。本着双方友好的精神，我很高兴能有机会与你们一起商讨我们共同的利益。

"既然这次是公司行政官员和职工代表会议，承蒙大家的允许，我才得以参与，因为我既不是行政官员也不是职工代表；但我仍然觉得自己与大家紧密相连，因为从某种意义上来说，我既代表股东也代表董事会。"

多么精彩的化敌为友的技巧，一个多么典型的例子！

假设洛克菲勒采取了不同的策略方法。假设他与矿工们争辩不休，毫无顾忌地说出令人震惊的论据。假设他拿腔做调、含沙射影地暗示说工人们大错特错了。假设他用上所有能用的逻辑法则以证明工人们做错了。想想看，如果是那样的话，又会有怎样的结果呢？只能激起更大的愤怒，更深的仇恨，更强烈的反抗。

要是一个人与你意见相左又心怀敌意，那么就算你说尽基督教的教义也无法劝说他认可你的所思所想。好指责孩子的父母、盛气凌人的上司和丈夫，还有唠叨不休的妻子，都应该意识到没有人愿意改变自己的心意。我们无法强迫人们改变自己以迎合他人。但是，只要我们对他人以礼相待，待之以温和友善的态度，他们还是有可能接受我们的看法。

其实100多年以前，林肯就曾说过类似的话。以下是他的原话：

有一句古老的谚语说的是"一滴蜜比一加仑胆汁更能招引苍蝇。"这个道理也适用于人类。如果你想赢得某人的认同，就应该先同他做朋友，让他相信你是他诚挚的好友。那就是俘获他心灵的一滴蜜；你的意愿就是他的理性之关键所在。

企业家们已经认识到对罢工工人友善是非常值得的。比如，怀特汽车公司的2500名工人为了增加工资，开设要求工人限期加入工会的商店而举行罢工。时任公司总经理的罗伯特·F.布莱克并没有因此大动肝火，也没有据此提出谴责和威胁，更没有谈到所谓暴行。事实上他对罢工者称赞有加。罗伯特在克里夫兰各家报社刊登了一则公告，赞扬罢工者"以和平的方式放下了手中的工具"。当他发现罢工纠察队员们无所事事时，就给他们买来了几十个棒球球棒和手套，还邀请他们到厂区空地上打棒球。

布莱克先生的友好态度收到了应有的效果：工人们的友好回应。罢工工人们借来扫帚、铁铲和装垃圾的手推车，把工厂周围地面上的火柴、纸片、烟蒂、雪茄烟头都捡拾起来。想想看！想象一下这样的画面：罢工工人们一边为了增加工资，为了工会能被资方承认而斗争，一边维护着工厂地面的整洁。这样的情形在美国漫长而激烈的劳工斗争史上闻所未闻。那次罢工在一周内以和解方式结束——没有造成任何敌意和仇恨。

丹尼尔·韦伯斯特是一名杰出的律师，长得器宇轩昂，谈吐也相当不凡。他曾为一起诉讼案进行辩护。但他在进行有力的论证时却使用了温和友善的言辞，诸如："请陪审团予以考虑，""这一点可能值得考虑，""我相信诸位不会忽视以下事实。"或者是"根据各位对人性的了解，你们肯定能注意到这些事实依据的重要性。"没有威胁恫吓，没有高压强迫。从不试图

丹尼尔·韦伯斯特是美国 19 世纪上半叶的著名律师。

丹尼尔·韦伯斯特像

将自己的观点强加于他人。韦伯斯特先生所使用的温和友善的言辞，从容不迫、友好亲切的态度使他闻名遐迩。

可能你永远不会受命结束罢工或是向陪审团陈词，但你很可能想要把自己的房租降下来。那么，这种友善的方式会对你有所帮助吗？看看下面的例子吧。

工程师O.L.斯特劳布想减房租。不过他知道房东是个很难说话的人。在班上做汇报时斯特劳布先生说起了这件事："我给他写信，通知他说一旦我的租约到期，我就搬出公寓。但实际上我并不想搬家。如果房租能降低一些，我还是想继续住下去。不过局面对我似乎不太有利。其他房客也试过要降低房租但都失败了。大家都跟我说房东是个特别难对付的人。但是，我正在学习的课程就是关于如何处理人际关系的，为什么我不在他身上试一试呢——看看效果如何。

"他一接到我的信就跟秘书一起来见我了。我在门口与他碰面并友好地问候他。我表现得友善热情，并没有一开口就说房租太高了。我一开始说的是我有多喜欢那套公寓。相信我，我真的是'衷心地赞美，慷慨地表扬'。我称赞他管理公寓的方式，对他说我非常想再多住一年但实在是负担不了房租。

"显然他从未在房客那里得到过如此赞美，几乎一下子变得手足无措了。"

"接着，他开始跟我讲起他遇到的那些难事，那些抱怨不断的房客们。其中一位给他写了14封信，有几封简直就是在谩骂。另一位房客则威胁说如果房东不想办法让楼上的人停止打呼噜，他就毁约。'有一位像你这样感到满意的房客，真让我欣慰啊。'接下去还没等我提要求，他就主动提出下调我的房租。我希望房租能再低点，就说了一个我能负担得了的数目，他二话不说就答应了。走之前他转身对我说：'装修方面我能帮你什么忙吗？'

"要是我也使用其他房客的方法以试图降低房租，我肯定也是同样的失败收场。我能达到目的是因为我给予他的是友善、理解和赞扬。"

迪安·伍德科克是宾夕法尼亚州匹兹堡市当地一家电力公司的部门主管。有一次，他的属下得在一根电线杆的顶部修理某项设备。这类工作原来归另一个部门管，只是最近才转到伍德科克先生的部门。尽管工人们已经受过训练，但毕竟这是他们第一次进行实际操作，公司的每个人都很好奇，想看他们是否能处理好这个任务。伍德科克先生和他属下的几名管理人员，还有公司其他部门的人员都去察看整个工作过程。工作地点附近停放了许多车辆，一些人围站在一起，看着那两个工人在电线杆顶端忙碌着。

环顾四周，伍德科克先生注意到街对面有个人正从车里钻出来，手里拿着照相机。接着那个人开始拍摄伍德科克先生这边的情形。从事公用事业的人都有很强的公共关系意识，伍德科克先生马上意识到他们的一切安排在那个手拿相机的人看来都意味着什么——小题大做，几十个人出动去做一件两个人就能完成的工作。他信步走到街对面那个照相者的旁边。

"我发现你对我们的工作很有兴趣。"

"是啊。不过，我母亲对这个可不只是感兴趣了。她是你们公司的股东。这个场景会让她大开眼界的。甚至可能让她认定自己的投资是多么不明智。几年来我一直提醒她，说像你们这样的公司总会做些没必要的举动。眼前的一切证明了我的看法。报纸新闻大概也会对这些照片感兴趣的。"

"看起来确实像那么回事，对吧？从你的立场出发，我也会像你那样看待这件事。不过，今天这样的情形确实很少见……"接着伍德科克先生就把事情的来龙去脉说了一遍，解释说为什么这类工作他们部门是第一次接手处理，也说明了公司从上到下都很关注这个工作的原因。他向那人保证说在通常情况下，两个人就可以完成这项工作了。那个人收起了相机，握着伍德科克先生的手，感谢他抽出时间为他解释说明当时的情形。

迪安·伍德科克友好的处理方式为公司化解了尴尬，消除了对他们不利的影响。

杰拉尔德·H.温来自新罕布什尔州的利托顿小镇，是我们培训班的学员。他的发言是关于自己如何用友善的方式使损害索赔得到了妥善解决。

"早春时节，"他说道，"土地还处在冬天的冰冻中，一场突如其来的暴风雨带来了大量的雨水。通常情况下雨水本应该顺着路旁的沟渠和雨水沟流走，可是当时的雨水却都流到了我刚刚建好的新家里。"

"由于无法流走，房屋地基周围的水压增高，水流到了地下室的混凝土地面之下，造成了地面的破裂，整个地下室灌满了水，毁坏了火炉和热水器。修理这些损坏所用的化费超过了2000美元。我没有保险可以用来支付这种修理费用。"

"但是我很快发现了这个小区物主的一个疏忽：本来他应该在房屋四周安置雨水沟，这样就不会发生此类问题了。于是我约他面谈。在开车前往他办公室那25英里的途中，我仔细地回顾了整件事，想起了课堂上学到的那些处事原则，我断定对他发火不会有助于我解决问题。因此，与他碰面后我十分冷静，和他聊起了他刚结束的西印度洋群岛假期之旅；一直到我觉得时机成熟时才提到了水害造成的'小问题'。他马上就同意分担一部分以帮助我解决问题。"

"几天后，他打来电话说他会赔偿损失，还要安置雨水沟以防止此类事件的再次发生。"

"即使是小区物主的错，如果不是我采用了友好的方式，也很难让他同意负起全部的责任。"

多年以前，当我还是那个赤脚穿过密苏里西北部森林去乡村学校上课的小孩子时，我就读到过一篇关于太阳和风的寓言故事。太阳和风为了谁更强而争论不休。风说："我会证明我比你强。看到远处那个穿着外套的老人了吗？我敢说我可以比你更快地让他把外套脱下来。"

于是太阳躲到了云彩的后面，而风开始呼啸一直到它几乎变成了龙卷风，可是，风刮得越厉害，老人把外套裹得越紧。

终于，风平息了下来，承认自己失败了。接着，太阳从云彩后面探出身来，亲切地朝老人微笑着。不一会儿，老人就开始擦拭额头的汗水，脱掉了外套。太阳说，亲切友好永远比愤怒和暴力更有力量。

日复一日，深谙"蜂蜜与胆汁"之意的人们展示了"亲切友好"所发挥的作用。马里兰州路则威尔县的F.盖尔·康纳把刚买了4个月的汽车第三次送到销售代理商的服务部时，他所遇到的事

伊索

情就证明了这一点。他说道:"显然,不管是与服务部经理谈话还是与他理论,或者是朝他吼叫,对解决我的问题而言都于事无补。"

"我直接走到展厅,要求与经销处老板——怀特先生见面。稍等片刻之后,我被领进了怀特先生的办公室。自我介绍一完,我就告诉他,在他这里购买汽车是因为一位朋友的推荐,那位朋友之前曾跟怀特先生有过交往,他还说怀特先生的汽车价格很有竞争性,而且售后服务也相当出色。怀特先生认真地听我说着,脸上带着满意的微笑。接着我说明了我与服务部之间存在的问题。'我认为您也许想弄清楚任何有可能玷污您声誉的情况。'我补充道。他感谢我让他注意到了这一点,并向我保证会解决我的问题。他不仅亲自过问此事,还在我的汽车大修期间把他自己的车借给我使用。"

伊索是古希腊克洛伊索斯王的一个奴隶,在公元前600年时就写下了不朽的寓言故事。然而,2600年前他在雅典所揭示的有关人性的真谛,放在今天的波士顿和伯明翰,读来依然恰当合理。比起风来,太阳能让人更快地脱掉外套;与怒号和雷霆相比,亲切、友好的方式以及赞赏能使人欣然转换思想。

请记住林肯的话吧,"一滴蜜比一加仑胆汁更能招引苍蝇。"

原则4 以友好的方式开始。

五、苏格拉底的秘诀

在与人交谈时，不要一开始就讨论你们意见相左的事情，应该强调——不断地强调——你们意见一致的方面。如果可能的话，应该不断强调你们双方都为之努力的同一目的，要强调你们的分歧只在于方法而不在于目的。

从一开始就让别人不断地说出"是的，对的"这样肯定的回应。只要可能，尽量避免让对手说出类似"不"这样否定的话。按照奥弗斯特里特教授的观点，否定的回应是最难被扭转的。一旦你说出了"不"，人格尊严会使你为了维护自己的说法坚持到底，也许过后你会发现说出那个"不"有多么欠考虑。尽管如此，你仍然要维护自己宝贵的尊严。只要话说出了口，你就会坚守下去。所以，一开始就让对方持肯定、认可的态度就显得至关重要了。

技巧高超的演讲者总是一开始就让听众做出若干肯定的回应；其实他是在设置一种心理过程，让听众的思想一步步过渡到支持他认可他的地步。就像台球的运动过程，先朝一个方向推进，获取转向的动力后，得以用更大的推力将球从反方向弹碰回去。

这里我们谈到的心理范式是显而易见的。如果一个人所持的否定态度是确凿无疑的，那么，他们所做的就决不仅仅是说一个"不"字而已；他们的整个机体——腺体、神经、肌肉都将聚合起来进入一种拒绝状态。通常情况下，身体上的退缩或准备退缩状态会显得很微弱，但有时也会达到引人注目的程度。简而言之，整个神经肌肉控制系统都处于防范状态以抗拒接受他人的思想。相反地，如果一个人持有赞成肯定的态度，机体就不会出现这种退缩行为。机体的状态将是积极的，接纳的，开放的。因此，如果一开始我们就能引导他人做出更多的肯定回应，我们就更有可能成功地完成最终目标。

这种引导对方赞同自己意见的技巧非常简单易行。可是，人们对它却是非常地不重视。我们常常是一开始就站在了别人的对立面，仿佛这样才能得到关注。

要是我们一开始就让学生、顾客、孩子、丈夫或是妻子说了"不"字，那就得依靠我们的智慧和天使般的耐心才能把他们坚定的消极否定状态转化为积极肯定的状态。

詹姆斯·艾伯森是纽约市格林威治储蓄银行的出纳员，他运用这一技巧确保了一位潜在客户的不流失。

"这个人要开一个账户，"艾伯森说，"于是我递给他一张常规表格让他填写。对于表格中提出的那些问题，有的他很乐意回答，可对另一些却断然拒绝回答。"

"要不是我开始学习了人际关系学，我会像以前一样告诉这位顾客说，如果他拒绝向银行提供此类信息，银行就有权拒绝为他开户。我为以前一直那样做而感到内疚和惭愧。当然，类似那样的最后通牒也让我感觉不错。我得让客户知道谁说了才算，银行的章程制度必须得到认真执行。但是，那样做肯定会让这位光顾我们的顾客感到自己不受欢迎。"

"我决定马上试试粗浅实用的人际关系常识，不谈银行的要求而只讨论顾客的需求。最重要的是，我决心打一开始就引导他给出'是的'回答。因此我表示完全认可他的看法，告诉他说那些他不愿透露的信息也不是必须予以提供的。"

"'不过，'我说道，'假设在您去世时您在我们银行还存有钱款。您不想让银行把那些钱转给有权继承您遗产的亲属吗？'"

"'当然愿意。'他回答道。"

"'难道您不觉得，'我继续说道，'向银行提供您最近亲属的姓名以便于在您过世后能准确及时地执行您的遗愿是比较明智的方法吗？'"

"'是的'他再次表示同意。"

"当这位年轻人意识到我们不是为银行而是为了他好才要求填写那类信息后，他的态度开始缓和了下来。后来在离开银行前，这位年轻人不仅向我提供了自己的完整信息还在我的建议下开立了一个信托账户，指定他母亲为受益人，他欣然回答了有关他母亲的全部问题。"

"我发现，通过一开始就引导他做出肯定的回答，他不再计较于有争议的事情，还很乐意地做了我建议他去做的事情。"

约瑟夫·阿利森是西屋电气公司[1]的销售代表，他讲述了这样一个故事："在我的销售区内有一位客户，我们非常希望能把产品卖给他。10年来我的前任不断约他商谈却没卖出去一样产品。

---

1 西屋电气公司（Westinghouse Electric Corporation），世界著名的电工设备制造企业。1886年1月8日，由乔治·威斯汀豪斯在美国宾夕法尼亚州创立。总部设在宾夕法尼亚州匹兹堡市。公司还设立了"西屋公司青少年天才发明奖"，以鼓励高中学生的发明创造。

我接管这个区之后，也不断与他进行会谈，前后花了3年的时间却没有成功签下一份订单。终于，经过13年的不断拜访和游说后，我们卖给了他几台电动机。我的期望是，如果几台电动机的生意能成，那接下去可能会有一份几百台的订单。这是很可能的，对吧？我确信一切会如我所愿。因此，3个礼拜以后我兴高采烈地前去拜访他们。

"总工程师的话却让我震惊：'阿利森先生，我不会从你那里购买其余的电动机了。'"

"'怎么了？'我吃惊地问道，'为什么呢？'"

"'因为你们的机器运行后过热，我的手都没法放在上面。'"

"我明白跟他争辩没有任何益处。那样的事我做得太多了。所以我想试试引导对方做出肯定回应的方法。"

"'嗯，你瞧，史密斯先生，'我说道，'我完全同意你的看法；要是那些机器运行过热，你当然不应该再买了。关于机器运行发热的问题，你一定会购买符合国家电气制造商协会标准的机器，对吗？'"

"他对此表示同意。我让他说了第一个'是的'。"

"'电气制造商协会标准规定，设计合格的电动机温度可能高于室温摄氏度72度，对吗？'"

"'对，'他答道，'你说得非常正确。但是你们的电动机运行后过热了。'"

"我没有跟他争辩。我只是问他：'车间的室温是多少度？'"

"'哦，大约75摄氏度。'他说。"

"'好的，'我回答道，'如果车间的室温是摄氏度75度，那么再加上电动机的72度，总共就是147摄氏度了。要是你把手放在温度达147摄氏度的热水龙头下面，肯定会把手烫伤的吧？'"

"他只能再次回答说'是的'。"

"'那么，'我提议道，'就不要让手靠近那些电动机了，好吗？'"

"'嗯，我想你说的没错。'对我的说法他表示接受。我们继续聊了一会儿。然后他把秘书叫来安排好下个月签一笔价值35000美元的订单。"

"我花了几年时间，还有好几千美元的损失，才最终明白跟顾客争辩毫无意义，只有站在对方立场看问题，尽力让对方做出肯定回应才能引起关注，才会赚到钱。"

埃迪·斯诺是我们在奥克兰市（美国加州西部）的课程资助人，他讲述了自己如何因店主引导他做出肯定回应而成为那家商店常客的过程。埃迪对弓箭狩猎很有兴趣，在当地一家商店花了很大一笔钱购买装备。弟弟来看望他时，他想从那家商店租一张弓给他弟弟用，但店员说他们不做租借弓箭的生意，于是他打电话向另一家商店问询。以下是事情的经过：

"一位声音听起来和蔼可亲的先生接听了电话。他对我租赁弓箭的要求做出了与前一家店完全不同的回应。他说很抱歉，他们已不再出租弓箭了，因为太不合算。接着他又问我以前是否租借过。我回答说几年前租过。他提醒我说当时租借弓箭大概应该花了25到30美元，我又回答说'是的'。他又接着问我是不是那种愿意省钱的人，我当然回答'是的'。他解释说他们有一种弓箭组合装，包括所有必需的用具，价格为34.95美元，我只需比租借多花4.95美元就可以买一套完整的装备。他说就因为这一点他们不再继续租赁

《苏格拉底与桑娣帕》▏佛兰德斯▏布卢姆芒达埃尔

苏格拉底醉心于学问而疏于治家理财，因此经常遭到妻子桑娣帕的责骂。据说老婆一狮吼，他就乖乖开溜，故而有人嘲笑他『怕老婆』。然而，当他因言获罪，被判处死刑时，他却沉静地喝下了致命的毒酒。

业务了。我会觉得他们的价格很公道吗？我赞同他的说法，心甘情愿地购买了那套弓箭，而且还多买了几样东西，从那以后，我成了那家店的常客。"

苏格拉底[1]，自命为"雅典的牛虻"，是人类有史以来最伟大的哲学家之一。纵观人类历史，他的成就只有极少数人可以与之相比；他深刻地改变了人类思想发展的进程；在他死后2400年的今天，他被誉为最睿智的说服者，始终影响着这个纷扰不断的世界。

他是怎么做到这一点的呢？是通过指出别人的错误吗？当然不是，那肯定不是苏格拉底的风格。他决不会那样做。他所用的技巧，现在被称为"苏格拉底问答法"，就建立在引导他人做出肯定回应这一技巧之上。他提出的问题使得对手不得不做出肯定的回答。他不断赢得对方的肯定回应直到掌握了大量的"是的"一类的回应。他不断地提出问题，直到最后，他的对手发现自己已不知不觉地欣然接受了就在几分钟前他们还极力否认的推断。

以后如果我们试图指出他人的错误，就想想明智的苏格拉底，然后提出一个友善的问题——一个能让对方做出肯定回应的问题。

中国人有一条谚语，蕴含着古老的东方智慧：轻履者远行。

中国人用了5000年的时间琢磨人性，深厚的文化修养使他们积累了敏锐的洞察力并概括出这样一句睿智的话语：轻履者远行。

原则5 直接让对方表示肯定与赞同。

---

1 苏格拉底（公元前469年 - 公元前399年），古希腊哲学家，和其学生柏拉图及柏拉图的学生亚里士多德被并称为希腊三哲人。他被后人广泛认为是西方哲学的奠基者。苏格拉底把自己比作一只牛虻，是神赐给雅典的礼物。神把他赐给雅典的目的，是要用这只牛虻来刺激这个国家，因为雅典好像一匹骏马，但由于肥大懒惰变得迟钝昏睡了，所以很需要有一只牛虻紧紧地叮着它，随时随地责备它、劝说它，使它能从昏睡中惊醒而焕发出精神。苏格拉底把批评雅典看作神给他的神圣使命，这种使命感和由此而来的思考探索，便成为他生活与哲学实践的宗旨。他知道自己这样做会使许多人十分恼怒，要踩死这只牛虻，但神给自己的使命不可违，故冒死不辞。

六、把倾诉的机会留给对方

大多数人在试图获得他人认同的时候，总是自己说得太多。我们应该让别人充分地表达意见，因为只有他们才最了解自己的事业和遭遇到的困难。我们应该做的就是提问，引导他们自己说出你所需要的信息。

如果你与他们意见相左，很可能会试图打断他们的诉说。千万别那么做。结果会很糟糕。在他们仍然渴望倾诉自身想法之时，没有人会在意你的意见。因此，耐心、虚心地倾听吧。态度要真诚。鼓励他们充分地表达自己的观点。

这一策略在商业活动中是否也奏效呢？下面是一位销售代表的故事，当他只能听不能说的时候会发生什么故事呢？

美国最大的一家汽车制造厂正在与供货商洽谈一年的内饰布料供应合同。有三家大型纺织厂精心制作了布料样品并通过了该汽车厂执行主管的审查。之后供货商都接到了通知，要求他们在指定的日子派一位销售代表就合同的签订做最后的诉求。

G.B.R.，其中一家供货厂家的代表，一到当地就患上了严重的喉炎。"会议开始后，轮到我与汽车制造厂的各位执行主管面谈时，我已经发不出声了。"R先生在一次课堂发言中说道，"连小声地说也做不到。一进会议室，迎面看到的就是该公司的纺织工程师、采购代理人、销售主管和公司总裁。我站在那儿，鼓起勇气想说几句话，可除了喉咙里的吱吱声我什么也说不出来。

"他们围坐在桌子的一边，我写了一张便笺递过去：'先生们，我无法发声，没办法说话了。'"

"'我来替你说吧，'总裁说。他说到做到，替我展示样品，列举样品的优点。然后他们就样品的好坏展开了热烈的讨论。至于总裁，因为是代替我发言，所以讨论中一直站在我的立场说话。我唯一能做的就是微笑，点头，做几个手势。"

"这次与众不同的会议使我得到了那份合同。总价值达160万美元，需要供货50多万码内饰布料——是至今为止我得到的最大的一笔订单。"

"我很明白，如果不是因为我失声，我不会得到这份合同，因为之前我对诉求发言所持的态度并不正确。这一次却十分偶然地让我明白了一点：有时候把说的机会让给别人会得到丰厚的回报。"

"让别人说"的方法不仅适用于商业活动，也适用于家庭生活。芭芭拉·威尔逊与女儿劳丽的关系曾急剧恶化。原本温顺、恳切的劳丽成长为一个倔强的，有时甚至任性易怒的少年。威尔逊夫人对她的斥责、威胁和惩罚都不奏效。

"有一天，"威尔逊夫人在课堂发言中说道，"我差一点儿就放弃了。劳丽不听话，还没做完家务活就离家找她朋友去了。她回家的时候我本来又想朝她吼叫一番，可我实在是没有气力那样做了。我只能望着她，伤心地说：'为什么这样？劳丽，你为什么这样啊？'"

"劳丽察觉到了我的状态与平时不同，她冷静地问道：'你真的想知道吗？'我点点头，劳丽就开始诉说起来，起初有些犹豫迟疑，后来就完全如同竹筒倒豆一般。我从没倾听过她的想法，总是对她发号施令。如果她想跟我说说自己的思想、感受或是想法，我总是提出更多的要求来打断她。我开始意识到其实她想让我做她的知心朋友，希望我可以做一个让她倾吐成长烦恼的知己，而不是当一个整天指手画脚的妈妈。一直以来，我从来没有倾听过她的心声，在本该静听的时刻我总是唠叨个不停。"

"从那以后，只要她愿意，我都让她畅所欲言。她向我诉说内心的想法，我们的关系得到了极大的改善。她又是一个乖巧的孩子了。"

一份纽约的报纸在其金融版刊登了一则篇幅巨大的广告，招聘一个能力出众，经历独特的人。查尔斯·T.库伯里斯回复了那则广告，按邮箱号寄去了应聘信。几天后，他收到了邀请他前去面试的回信。在去应试前，他花了好几个小时在华尔街寻找有关该公司创始人的资料。面试时，他特意提到："我很自豪能与一家有如此辉煌历史的公司联系在一起。我了解到，28年前你们赤手空拳地创立了公司，除了一张桌子，一间办公室和一名速记员之外，一无所有。是这样吗？"

几乎每一个成功人士都喜欢追忆自己早年奋斗创业的往事。这家公司的创始人也不例外。他滔滔不绝地说了很长时间，谈到自己如何以区区450美元现金和一个创意开始了创业；谈到自己如何战胜挫折，顶住嘲讽，加班加点地工作，每天工作16个小时；谈到自己如何克服困难最终成功，直至今日，华尔街位高权重的高管们都纷纷找他咨询信息、寻求指导。他为自己拥有这样的经历而骄傲。他有资格感到骄傲，讲述往事让他非常快乐。最后，他简单地问了问库伯里斯的经历，就叫来了一位副总经理，说："我认为他就是我们需要的人才。"

库伯里斯先生花心思了解未来雇主的成就，对其个人和创业遇到的难题都表示关注。他鼓励对方畅所欲言，因此给人留下了满意的印象。

来自加利福尼亚州萨克拉门托市的罗伊·G.布拉德利却遇到了截然相反的问题。一个优秀的求职者想在布拉德利先生的公司应聘一个销售岗位。他侃侃而谈，罗伊则认真地倾听。

"我们是一家小型的经济公司，不提供诸如住院保险、医疗保险和养老金等附加福利。每一位销售代表都是独立代理人。我们甚至不能给应征者开出应聘条件，因为我们无法像规模较大的竞争对手那样登广告招聘销售人员。"

"里查德·普赖尔具备我们这个岗位所要求的工作经验。一开始由我的助理对他进行面试，那位助理向他说明了与工作相关的所有不利因素。走进我办公室的时候他显得有些沮丧。于是我跟他提到进入公司后会有的一个好处——成为独立承包人，也就是说他实际上是自主经营，并非受雇于人。"

"当他跟我谈及这些优势的时候，他劝服自己改变了来时心里的那些负面想法。有好几次在他认真考虑那些想法的时候，他看起来几乎是在自说自话。偶尔我也很想补充些意见，可是面试结束后却发现他已经说服了自己，主动要求为我们公司工作。"

"因为我充当了耐心的倾听者，而让迪克主导那次谈话，他才能在心里充分地从两个方面对事情进行衡量，最终得出了积极

拉罗什富科是 17 世纪法国著名作家、哲学家，有《箴言集》传世。

拉罗什富科像

正面的结论，那是他为自己创造的艰巨任务。我们聘用了他，后来他一直是我们公司最优秀的销售代表。"

即使是我们的朋友也宁愿对我们大说特说他们的成就而不是听我们夸耀自己的成功。法国哲学家拉罗什富科说："如果想要敌手，就胜过你的朋友吧；如果想要朋友，就让朋友超过你。"为什么会这样？因为，当朋友超过你的时候，他们会感到自己非常重要；等我们胜过了朋友的时候，他们——或是至少其中的一部分——会感到低人一等，心生嫉妒。

到目前为止，纽约市中心区职业介绍所最受欢迎的就业顾问是亨利埃塔·G——以前情况可不是这样。在亨利埃塔刚来职业介绍所工作的头几个月，她和同事们相处得很不好。为什么？因为她每天都在夸耀自己所做的就业安置，新添的委托人等等诸如此类的事情，甚至任何一件她完成了的事情都拿来自夸。

"我工作能力很强也很为自己感到自豪，"亨利埃塔在课堂发言中说道，"但同事们没有分享我成功的喜悦，反而显得不大高兴。我希望同事们能喜欢我。我真心希望能与他们成为朋友。在学习了这门课程后，我知道应该怎么去做了。我开始尽量少谈自己，多倾听同事们的谈话。他们也有许多事情可以夸耀，而且，跟我谈起他们自己的成绩要比听我自夸来得更兴奋更活跃。现在，如果我们有时间聊聊天的话，我总是请同事跟我分享他们的快乐，只有在他们问起的情况下，我才会提到自己的成绩。"

原则6 让对方尽情地倾诉。

七、合作才能双赢

比起那些直接灌输给你的想法，你会不会更相信那些经过独立思考而形成的主意呢？如果你更相信自己的思考结果，那么，强迫别人接受你的想法就不算是聪明的做法了。提供建议——让对方自己得出结论，不是更明智一些吗？

费城的阿道夫·赛尔茨是一家汽车展厅的销售经理，而且也是我们课程班的学员。他意外地发现有必要给自己属下那支士气低落、人心涣散的汽车销售团队重新注入工作热情，于是他召集了一次销售会议，敦促部下说出他们对他的全部期望，并且把他们的想法写在黑板上。然后他说："我一定按照大家希望的去做。现在，我想请你们告诉我，我对大家又可以有怎样的期望。"答复很快就出来了：忠诚、正直、主动、乐观、团队精神，一天8小时满腔热情的工作。会议结束后，大家深受鼓舞，勇气倍增——一位销售员自愿一天工作14小时。后来，赛尔茨先生在报告中称他们的销售额大幅增长。

"实际上，员工们与我达成了某种道义上的协议，"赛尔茨先生说，"只要我不辜负他们的期望，他们就决不会让我失望。顾及其愿望和要求对他们来说是一种极大的鼓舞。"

没有人喜欢被迫购买某件东西或是被迫去做什么事。我们更乐意出于自愿地购买商品或者自告奋勇地做事。我们也乐于告知别人我们的愿望和想法。

就拿龙金·韦森的事情来说吧。在他明白这个道理之前，他损失了几千美元的佣金。有一间工作室主要为设计师和纺织品制造商提供设计图，韦森先生就替该工作室售卖设计图。3年来，每一个星期韦森先生都要去拜访纽约的一位顶尖设计师。韦森先生说："他从来不拒绝见我，但是，他一幅设计图也没买过。他总是很仔细地查看我提供的草图，然后说：'不行，韦森，恐怕今天我们还是无法达成协议。'"

经历了150次的失败之后，韦森意识到自己必须得改变思路了，于是他决心每周花一个晚上的时间致力于学习如何改变人的行为方式，以帮助他萌发新想法，产生新的工作热情。

他决定试一试新方法。他带着6幅艺术家们尚未完成的草图，赶到了那位设计师的办公室。"如果您不介意的话，我想让您帮我一个小忙。"他说，"这是一些还没完工的草图。您能否告诉我，我们应该怎样设计完稿才符合您的使用标准呢？

设计师一言不发地看着那些草图，终于开口道："把它们放在我这里吧，韦森，几天之后再来找我。"

3天后，韦森回去找他，听取了他的建议并把那些草图带回工作室，按照他的想法完成了草图。结果如何？结果他买下了所有的设计图。

自那以后，那位设计师从韦森那里订购了几十幅其他的设计图，全部按照他的设想绘制完成。"我明白为什么几年来我都没办法把设计图卖给他了。"韦森先生说，"我提供给他的都是我以为他会欣赏的设计图。之后，我完全改变了销售策略，让他感觉是他自己最终设计完成的图纸。事实上他确实参与了设计。我不必再向他推销，他自己就很乐意地购买了。"

让对方觉得是他们根据自己的想法作出的决定，这种做法不仅在商务和政治活动中很奏效，在家庭生活中也能发挥作用。保罗·M.戴维斯来自俄克拉荷马州东北部的塔尔萨市。他在班上讲述了自己如何运用这一原则：

"谈到有趣的假日观光旅游，其中有一次是最令我和家人喜欢的。我曾一直梦想能去参观那些历史人文景观，比如葛底斯堡的内战战场、费城的独立大厅[1]，还有我们的首都。福吉山谷[2]、詹姆士敦[3]和威廉斯堡[4]修复后开放的殖民村，也都高居我的观光名单之首。"

"3月份，我妻子南希提出了她对我们暑假去西部旅行的想法，包括游览新墨西哥、亚利桑那、加利福尼亚和内华达的各处名胜。几年来她一直就想着去这些地方旅行。可是，显然我们不能同时满足两个人的旅行计划。"

"我们的女儿安妮，刚刚修完中学的美国历史课程，对深刻

1　独立大厅，美国著名历史纪念建筑，是美国独立的象征。在费城国家独立历史公园独立大厦内。1774年9月和1775年5月在此召开第一次和第二次美洲大陆会议。1776年7月4日13个英属美洲殖民地代表组成的大陆会议通过了由T.杰克逊起草的《独立宣言》，宣布北美殖民地脱离英国，建立"自由独立的合众国"。

2　福吉山谷是美国革命圣地。1777年冬，费城陷落，华盛顿率领败兵残将在这里修整，重新训练军队并最终赢得了独立战争的胜利。后被美国政府划为国家历史公园。

3　詹姆士敦，维吉尼亚州的詹姆斯镇建于1607年。以英国国王詹姆斯一世的名字命名，是英国在北美地区第一个殖民地。1699－1780年间，是美国新大陆最大及人口最多的殖民地。镇上的庙庵和玛丽学院是仅次于哈佛大学的美国历史第二悠久的学院。

4　威廉斯堡，美国唯一一个保留原汁原味的英国殖民历史文化的小镇。镇上依旧保留土路和沙石路面。市中心以步行为主，市中心的房子没有车库。屋内的电视和家电设备摆放的原则是，路人不能看到或听到能让人联想到现代生活的设施。在当地开设各式17世纪时的手工作坊，开放供人参观。

位于美国费城独立大厦前的自由钟

影响国家历史发展的事件很感兴趣。我问她旅行时是否愿意去看看那些课本里提到过的地方。她说她非常愿意去。"

"两天后的傍晚，当我们围坐在餐桌旁时，南希宣布说，如果我们意见一致的话，暑假旅游就去东部，那对安妮来说会是一次很棒的旅行，对我们大家来说也是一件令人兴奋的事。我们一致同意这个结果。"

一名X光设备制造商也运用这一心理战术把设备卖给了布鲁克林的一家大医院。这家医院正在扩建，计划把放射科装备成全国一流科室。L医生负责放射科，那些销售代理让他无所适从，他们都在吹嘘自己公司的设备如何精良。

然而有一家制造商却更洞察人性，更懂得如何与人打交道。他写了这样一封信：

我们工厂最近生产了一种新型X光设备。第一批设备刚刚运到我们营业部。我们深知它们的不完美并期望能加以改进。如果您能抽时间查验这些设备并告知公司该怎样改进才能更符合你们的需要，我们将感激不尽。鉴于您公务繁忙，我很高兴在您指定的时间派车来接您。

"收到那封信让我吃了一惊。"L医生在班上讲述这件事的时候说道，"我是又惊又喜。还从来没有X光设备制造商来询问过我的意见。这让我感觉到自己很受重视。那一周我每天晚上都有安排，但为了能检验一下那批设备，我还是取消了一次晚宴。我发现自己越研究这个设备就越喜欢这个设备。

老子骑青牛

传说老子写完《道德经》后骑牛西行，远离人类，不知所终。

"他们没有试图向我推销设备。是我自己觉得应该为医院购买那样的设备。因为它的高品质，我说服自己订购并安装了该设备。"

在美丽的加拿大新布伦瑞克省北部，有一个人也用这一技巧赢得了我对他的惠顾。当时我计划去那里钓鱼、划独木舟。于是，我给旅游局写信询问有关信息。显然我的名字和地址已经被列在了邮件邮寄单上，因为我立即就被露营地和导游寄来的大量信件、手册和印制的各类证书弄得不知所措。我不知道该选择哪一个。后来，一个露营地老板做了一件很聪明的事。他把几个曾在他的营地待过的纽约人的姓名和电话号码寄给了我，请我给他们打电话，自己去了解他能为我提供怎样的服务。

我惊奇地发现自己认识名单上的一个人。我给他打电话，了解了他的露营感受后就拍电报给那个露营地，告诉他们我到达的日期。

其他的人都一个劲儿地向我推销他们的服务，可是只有那个人让我自己决定购买。也只有他做成了生意。2500年前，中国的贤者老子曾说过：

"江海所以能为百川王者，以其善下之，故能驾驭百川。是以圣者，欲上民，必以言下之。欲先民，必以身后之。是以圣人处上而民不重，处前而民不害。"

如今的读者们可以对这段话好好加以领会应用。

原则7　让他人意识到是自己作出的决定。

八、一条创造奇迹的准则

记住，可能有些人的的确确犯了错，但他们自己却不会那么认为。只有傻瓜才会去谴责他们。要努力理解他们。只有明智、宽容、出类拔萃的人才懂得这样做的好处。

人们会坚持自己的想法和行为是有原因的。找出那个原因，你就找到了理解他行为方式的关键，甚至可能是了解他个性的关键。

实实在在地让自己站在对方的角度去考虑。

如果你对自己说"要是处于他的境遇，我会怎么想，会做何反应"，那你就不会浪费时间去愤怒不已了，因为"对事情起因的兴趣可能会减少对结果的厌恶。"另外，你还可以迅速提高处理人际关系的技巧。

"暂停片刻，"肯尼斯·M.古德在《如何让人更有价值》一书中写道，"停下来，把自己最感兴趣的事情同你感觉一般的其他事情比较一下，你就会认识到，所有人都有着相同的感受！那么，就像林肯和罗斯福一样，你也会掌握人际关系唯一的坚实基础；换句话说，与人交往的成功有赖于体谅他人并领会其看法、观点。"

住在纽约亨普斯特德镇（纽约州东南长岛上）的萨姆·道格拉斯，过去常对妻子抱怨，说她在家里的草坪上花费了太多时间，拔草、施肥，还有每周两次的修剪。可草坪看起来却不如4年前他们刚搬来的时候好看了。自然，这些话让她很沮丧，每次他这么评说之后，当天的夜晚他们就无法平静地度过了。

上了我们的培训课之后，道格拉斯先生才认识到这些年来自己是多么愚蠢。他从来没想过其实她只是喜欢做那些活儿，也许恭维一下她的勤劳会让她很感动。

一天晚饭后，妻子说想去拔草，请他陪着一起去。起先他拒绝了，考虑之后又愿意跟着她出去，帮她拔草。妻子显得很高兴，他们一起辛苦劳作了一个小时，也开开心心地聊了一个小时。

从那以后，他经常帮妻子做些园艺活儿，称赞她把草坪弄得非常漂亮；院子里的土壤就像混凝土一样硬，她却能把院子整治得那么好看。结果是：两个人生活得更幸福了，因为他学会了从她的角度看事情——尽管涉及的仅仅是杂草而已。

我喜欢在家附近的公园里散步、骑马。我像古老的高卢德鲁伊特教[1]信徒一样崇拜橡树，因此，当我看到一季又一季的小树和灌木被不必要的大火烧掉时，总是很痛心。这些火并非由粗心的吸烟者引起，几乎都是因为那些到公园体验当地生活的年轻人，因为他们在树下煮熏肠、鸡蛋引起的。有时候，火势凶猛，只有靠消防部门才能灭掉。

公园边上有一块牌子，上面写着"任何人引起火灾都要处以罚款和监禁。"不过牌子被放在公园一处少有人去的地方，几乎没有被肇事者看到过。一位骑警负责照管这座公园；可是他并没

1　德鲁伊特教信徒，欧洲人一般认为德鲁伊特教信徒是自然和中立的拥护者，是将整个荒原视为自己家园的隐士，用自己特殊的力量保护大自然并让整个世界获得平衡。在现代奇幻文学中，德鲁伊特教信徒是自然的崇拜者和维护者，为了保护自然界可以与任何势力战斗。

有认真地履行自己的职责，火灾就那么一季又一季地发生。有一次，我冲到警察那里告诉他火灾正快速在公园里蔓延，希望他能通知消防部门，他若无其事地说他管不了，因为那个地方不在他的管辖范围内！我很失望，自那以后，每次去公园骑马的时候，我都把自己看做是保护这片公共用地的唯一监护人。刚开始的时候，我担心自己，甚至不敢去想别人的看法。当我看到火苗在树下熊熊燃烧的时候，我是那么的难过，急切地想去做自认为正确的事，结果却犯了错。我常常骑着马冲到那些男孩面前，警告他们说引起火灾是要坐牢的，我总是用毋庸置疑的语气命令他们把火灭掉；如果他们拒绝服从，我就威胁要逮捕他们。我只是在宣泄自己的情绪却没有考虑他们的感受。

结果呢？他们服从了——阴沉着脸，心有不甘地服从了。等我骑马翻过山头，他们很可能还会再燃起火来，想着把整个公园都烧掉。

多年之后，我对人际关系的理解更深入了，处事更老练了，也更善于从对方的立场看问题了。后来，我不再下达命令而是骑着马走到燃烧的火堆附近，对他们说：

"玩得开心吗，孩子们？你们要做些什么当晚餐？……我小的时候，也喜欢生火——到现在还很喜欢。不过，你们也知道，在公园里点火是很危险的。我知道你们这些孩子不是有意要引起火灾，可是其他男孩可不会这么小心。他们走过来看到你们生了一堆火；他们也跟着生一堆火，可是回家的时候他们却没把火扑灭，火就会顺着干枯的树叶不断蔓延，最后烧毁树木。要是我们不特别小心，这里就不会再有什么树木了。你们也会因为生火而坐牢。我并不想蛮横地破坏你们的乐趣。我很高兴你们能够玩得尽兴；不过，你们愿意现在就把这里所有的树叶都耙离火苗吗？离开这里的时候你们愿意仔细地用土——要多很多的土，把火苗压灭吗？下一次你们想来玩的时候，你们愿意在山那边的沙坑里生火吗？在那里生火就不会引发火灾了……非常感谢，孩子们。开心地玩吧。"

那样的一番话所产生的效果就大不相同！它使孩子们乐意合作，没有愠怒，没有愤恨。他们没有被迫服从命令的感觉，他们的自尊得到了保护，感觉很好，我的感觉也非常好，因为我顾及了他们的立场，并且解决了问题。

在我们无法解决自身难题时，从对方的角度来考虑事情能帮助我们缓和紧张的状况。澳大利亚新南威尔士州的伊丽莎白·诺瓦克女士，她的车款晚交了6个星期。"星期五那天，"她说，"我接到了一个让人很不愉快的电话，是那位管理我账户的人打来的。他说要是我在星期一上午之前还不准备好122美元，公司将对我采取进一步的行动。周末的两天时间我是没办法筹够这笔钱的，所以，星期一上午一早接到他的电话时，我就做好了最坏的打算。我并没有焦虑不安地只考虑自己的问题，而是站在他的立场上看待这件事。对于我所造成的诸多不便，我非常真诚地向他道歉，并说我一定是他最讨厌的顾客了，因为我缓交车款已经不是第一次了。他的语气立即改变了，安慰我，说我还远远算不上是真正让他烦恼的顾客。接着他跟我说了好几个例子，说某些顾客有时非常粗鲁，对他撒谎，经常想尽办法不跟他对话。我什么也没说，只是听着，让他倾倒着自己的烦恼。然后，不等我提，他就说，如果我不能马上支付所有的钱也没有关系，到这个月的月底如果我能交20美元，其余的等我方便时再补上也可以。"

哈佛商学院的多纳姆院长说："面试前，如果我还没有明确的想法，而且，据我对面试方在个人影响力和目的动机方面的了解，也无法推测出对方会如何回应的话，那么，我宁愿在他办公室前的人行道上走两个小时，也不会贸然地进去。"

这句话，非常重要，所以我要用斜体字再次予以强调。

面试前，如果我还没有明确的想法，而且，据我对面试方在个人影响力和目的动机方面的了解，也无法推测出对方会如何回应的话，那么，我宁愿在他办公室前的人行道上走2个小时，也不会贸然地进去。

如果读了这本书后，你只学到了一件事——更倾向于从他人的角度考虑事情，处理事情时不仅从自己的角度考虑，也对他人的立场加以考虑——如果你只从本书中学到这么一点，它也肯定会成为你事业发展的基石。

原则8　考虑和处理事务时要努力领会对方的立场。

九、给予他人充分的理解

你想知道哪句话能创造奇迹吗？一句能够结束争吵，消除敌意，产生好感，让对方聚精会神地倾听的话语。

想知道吗？那好。这句话就是："我一点也不怪你会这样想。如果换作是我，毫无疑问，我也会跟你想的一样。"

像那样回应对方能让最冥顽不化的人改变其态度。你要绝对真诚地去说，因为如果站在对方的立场上，你也会有跟他一样的感受。就拿阿尔·卡朋来说吧。假如你继承了阿尔·卡朋的身体、性情和思想倾向。假设你身处他那样的生活环境，拥有他的生活经历。那么，你也会成为和他一样的人，有跟他一样的结局，丝毫不差。因为就是这些因素——只有这些因素——成就了他那样的人。打个比方，你不是响尾蛇的唯一原因就是因为你的父母不是响尾蛇。

我们不会因为自己就是这样的人而得到称赞——请记住，你遇到的那些恼怒不安的、固执己见的、容易冲动的人，他们也没什么可丢脸的。为那些可怜的人感到难过吧，怜悯他们，同情他们，对自己说："若无上帝的仁慈，我也会是那样。"

在我们所遇到的人中，四分之三的人渴望得到同情。给予他们同情，他们就会对你友好相待。

我曾经为《小妇人》的作者路易莎·梅·奥尔科特做过一期广播节目。我当然知道她是在马萨诸塞州的康克德市（美国马萨诸塞州东部、波士顿西北城市）生活，并在那里写下了这篇不朽的著作。然而当我提到去参观她的故居时，脱口而出的却是新罕布什尔州康克德市（新罕布什尔州首府）。如果我只说了一次新罕布什尔州，或许还可以原谅。可是，唉！我竟然说了两次。信件和电报潮水一般涌来，言辞之激烈犹如一大群黄蜂在我的脑海里挥之不去，让我猝不及防。其中许多语句都透着无比的愤慨，还有一些则是侮辱性的斥责。一位在马萨诸塞州的康克德长大、之后在费城生活的贵夫人将她尖刻的愤怒都宣泄在我身上。就算我指责奥尔科特小姐是来自新几内亚的食人生番，她说出的话也不能比这更尖酸刻薄的了。我读了她的来信之后，自认庆幸地说："谢天谢地，我娶的不是她。"我想回信告诉她，尽管我犯了一个地理常识错误，可是在社交礼节上她犯了更严重的错误。这原本是我回信的开场白。然后我准备一鼓作气，把心里的想法全都说出来。但是，我并没有那么做。我控制住了自己。我意识到，只有头脑发热的蠢人才会那样做——傻瓜才会真的那样去做。

我可不想做傻瓜。因此，我决心将她的敌意转化为友谊。这

奥尔科特

将是个挑战，一种我能玩好的游戏。我告诉自己说："毕竟，如果我是她的话，很有可能也会和她的感受一样。"于是，我决定接受她的看法。当我再一次去费城的时候，我给她打了电话。我们的电话内容如下：

我：某某夫人，几个星期以前您给我写了一封信，我想因此而感谢您。

她：（坦率、文雅又彬彬有礼的语气）荣幸之至，请问您是？

我：您不认识我。我叫戴尔·卡耐基。几个星期前，您收听了一期我做的关于路易莎·梅·奥尔科特的广播节目，我犯了一个不可饶恕的错误，说她曾经生活在新罕布什尔州的康克德。这是个愚蠢的错误，因此我想向您道歉。非常感谢您花时间给我写了信。

她：对不起，卡耐基先生，我给您写了那封信。我失态了。我必须道歉。

我：不！不！应该道歉的人不是您，是我。换作是小学生都不会像我那样说。第二周的星期天我在广播里就为此而道歉，现在，我想亲自跟您道个歉。

她：我在马萨诸塞州的康克德出生。200年来，我们家族在马萨诸塞州的公共事务中举足轻重，我很为我的家乡感到骄傲。当我听到您说奥尔科特女士曾经在新罕布什尔州居住过时，心情十分难过。可是，关于那封信，我感到非常惭愧。

我：我相信您的难受不及我的十分之一。我的错误并没有伤害马萨诸塞州，伤害的是我自己。像您这样有地位、有修养的人给我这样一个做广播节目的人写信真的是很不寻常。以后真心希望您还能够再给我写信，如果您在我的讲话节目中又察觉到有错误出现的话。

她：我很欣赏您对批评所持的态度。您一定是一位非常好的人。我愿意进一步了解您。

就这样，因为我道歉并赞成她的看法，她也开始对我表示歉意并支持我的观点。我很满意自己控制住了脾气，很满意自己以德报怨的做法。比起让她去跳斯古吉尔河的意气用事来，让她欣赏我的做法，使我更加快乐。

身居白宫的每一个人几乎每天都面对着棘手的人际关系问题。塔夫脱总统也不例外，他所经历的事情让他了解到同情在化解尖酸刻薄的埋怨时所起到的巨大作用。在他的书《服务伦理》中，塔夫脱举了一个有趣的例子，来说明他如何平息了一位雄心勃勃的母亲因失望而起的愤怒。

"华盛顿有一位夫人，"塔夫脱写道，"她丈夫有一些政治影响力。前前后后有6周左右的时间，她一直来找我，要求我为她儿子安排个职务。她获得了许多参议员和国会议员的协助，一起帮着她提出请求。但是，那个岗位对技术资质有所要求，因此在局长的推荐下，我委任了另外一个人。接着我就收到了这位母亲的一封信，信里说我是最忘恩负义的家伙，因为我不愿意让她感到幸福，让她幸福对我来说本是易如反掌的事。她还抱怨说，为了让我特别重视的行政议案获得全票通过，她对州代表团费尽口舌，而我却以这样的方式来回报她。

"收到那样的一封信，你首先要做的就是想想该怎样严厉地

塔夫脱总统

对待一个举止不当，甚至有些无礼的人，然后马上给他回信。不过，如果明智的话，你会把这封信放进抽屉锁起来。两天后再拿出来——这样的信件总是会推迟两天才回复的——过了一段时间后，当你再把它拿出来的时候，你就不会把它寄出去了。我就使用了这样的方法。接着，我坐下来，极有礼貌地给她写了一封回信，告诉她，我理解一位母亲在这种情况下的失望心情，但是任命一项职务不能只凭我个人的喜好，我必须选择一个有技术资质的人，因此我听取了局长的举荐。我希望她儿子能够在原岗位上再接再厉，不辜负她对他的希望。那封信让她感到欣慰，她给我回了一封短信，说她对自己前面写的信感到很抱歉。

"我呈报的任命并没有立即得到批准。过了一段时间，我收到了一封声称是她丈夫写来的信，信上的笔迹跟她前面几封信件的笔迹分毫不差。信里说，由于她对此事的失望而导致神经衰弱，卧床不起，还患有症状严重的胃癌。建议我将先前委任的那个人的名字换成她儿子的名字，好让她的身体恢复健康。我不得不另写一封信，寄给她的丈夫，说希望她的病是误诊，说我能体谅他因妻子病重而带来的痛苦。但是，已经呈报的名字是不可能撤换的。我委任的人选获得了批准。随后的两天时间里，我们在白宫举办了一场社交音乐会。首先来向塔夫脱夫人和我致意的就是那对夫妇，虽然那位妻子前几天还在病危中。"

杰伊·曼格姆是俄克拉荷马州（东北部）塔尔萨市电梯和自动扶梯维修公司的业务代表。公司与塔尔萨一家顶级酒店签订了扶梯维修合同。由于酒店经理不想给顾客们带来不便，所以他要求扶梯一次性关闭的时间不能超过2小时。而维修至少需要8小时，可是酒店方便的时候，公司里技术特别好的机修工却不一定有空。

当曼格姆先生能安排一位技术一流的技工来做这项工作的时候，就打电话给酒店的经理。他没有与经理争论是否应该给他必要的维修时间，而是说：

"里克，我知道你的酒店非常忙，你想让扶梯关闭的时间尽可能的短。我理解你的担心，我们会尽可能达到你的要求。然而，根据我们对扶梯状况的分析，如果我们现在不对扶梯做全面的维修，它可能会遭受更严重的损坏，会导致更长时间的关闭。我知道你不愿意给顾客带来好几天的不便。"

那位经理不得不表示，关闭8个小时的扶梯要比关闭好几天强多了。他希望客人心情愉快，曼格姆先生对他的想法表示了理解和支持。他就这样轻松地不带一丝不满地接受了曼格姆先生的建议。

乔伊斯·诺里斯是密苏里州圣路易斯市的一位钢琴教师，她谈到了自己怎样处理教师与学琴少女之间常见的一个问题。芭贝特留着很长的指甲。这对于养成正确的钢琴演奏习惯来说是一个严重的阻碍。

诺里斯太太说："我知道她的长指甲会妨碍她把钢琴弹好。在开始上课之前的交谈中，我对她的长指甲只字不提，我不想打击她上课的积极性。看到她对自己的指甲细心呵护，深以为傲，我也知道她是不会舍弃自己的长指甲的。

"上完第一次课，我觉得是时候谈这件事了，于是我说：'芭贝特，你有一双漂亮的手，指甲也很美。如果你想如同自己期望的那样，充分发挥自己的才能把钢琴弹好，你会惊奇地发现，只要把指甲剪短一些，你就能学得更快更容易。考虑一下吧，好吗？'她做了个鬼脸，对我的话明显地表示不配合。我也和她母亲谈了这件事，也提到她的指甲非常可爱。得到的又是表示拒绝的回应。很显然，芭贝特修剪得漂漂亮亮的指甲对她而言很重要。"

"第二周，芭贝特来上第二次课。我很吃惊地注意到她剪指甲了。我表扬了她，称赞她做出的牺牲。我也向她的母亲表示感谢，是她让芭贝特剪短了指甲。她的回答却是：'哦，这跟我没关系。是芭贝特自己决定这么做的，这是她第一次为了别人而剪短指甲。'"

诺里斯太太威胁芭贝特了吗？她说过她不会教一个留长指甲的学生了吗？没有，她没有那么做。她告诉芭贝特她的指甲很漂亮，剪短指甲对她而言是一种牺牲。她暗示说："我理解你——我知道这不容易，但是这样做是值得的，会让你的演奏进步更快。"

索尔·赫罗克可能是美国最出色的经理人了。近半个世纪以来，他一直负责管理艺术家们的演出事务。这些都是世界闻名的艺术家，比如夏里亚平、伊莎多拉·邓肯和巴甫洛娃。赫罗克先生说，在他与这些喜怒无常的明星们打交道的过程中，他学到的第一条教训就是必须对明星们的个性表示同情、同情、再同情。

3年来，他是费奥多·夏里亚平的经理人。夏里亚平是最伟大的男低音歌唱家之一，曾经让大都会剧院里那些妄自尊大的贵宾们为之激动不已。然而，夏里亚平却常常让赫罗克先生头痛，他就像一个被宠坏的孩子般胡闹。用赫罗克先生无比生动的话来说："他怎么看都是个让人受不了的家伙。"

比如，夏里亚平会在他计划演出的当天中午打电话给赫罗克先生，说："索尔，我感觉很难受。我的嗓子不行了，像个生汉堡似的。我今天晚上唱不了啦。"赫罗克先生会和他争辩一番吗？当然不会。他知道，一个经理人是不能够那样对待一位艺术家的。于是，他满怀同情地匆匆赶到夏里亚平所住的酒店。"真是遗憾啊，"他惋惜地说，"真遗憾，我可怜的朋友！你当然没办法唱了。我马上就取消演出安排。这会让你损失好几千美元呢，可是，同你的名声比起来这可算不了什么。"

然后夏里亚平会叹着气说："你最好晚点再来。5点吧，看看到那时候我感觉如何。"

5点钟，赫罗克先生会再次满怀同情地赶到他住的酒店，再次坚持取消演出活动，而夏里亚平则会再次叹着气说道："要不然你晚点再来看看我。也许到那时我会有所好转。"

7点半，伟大的男低音歌唱家答应演唱了，唯一的条件就是让赫罗克先生到大都会剧院的舞台上宣布夏里亚平患了严重的感冒，嗓子不是很好。赫罗克先生就会撒谎说他会照做的。因为这是他能让这位男低音歌唱家走上舞台的唯一办法。

阿瑟·I.盖茨博士在他那本优秀的《教育心理学》一书中写道："人类普遍渴望获得同情。孩子急切地展示他的伤处；即使是一小条割伤或者一处青肿，以博得充分的同情。成年人也为了同一目的……展示他们的擦伤，讲述他们遭遇的意外和疾病，尤其是外科手术的细节。不论是对真正的不幸还是虚幻的不幸，在某种程度上，'自怜'其实是一种普遍的行为。"

诸位，如果你想要让别人接受你的想法，就把这条原则付诸实践吧……

原则9　对他人的想法和愿望表示理解。

十、激发人们的道德感

我出生在密苏里州，离杰西·詹姆斯家乡不远。我参观过位于科尼市的詹姆斯农场，当时杰西·詹姆斯的儿子还住在那里。杰西的儿媳给我讲杰西如何抢劫火车和银行，把钱送给相邻的农民好帮他们还清抵押借款。

杰西·詹姆斯可能在心底里将自己视为一个理想主义者，正如达奇·舒尔茨、"双枪"克劳利、阿尔·卡朋，以及几十年后许多其他犯罪组织的"教父"所认为的那样。实际上，你所遇到的所有的人都自视甚高，愿意把自己看作善良、无私的人。

J.皮尔庞特·摩根[1]在一篇事件过程分析中写到，一个人做某件事通常有两个原因：一是事情听起来很好，二是事情本身确实很好。

当事人会去考虑事情本身是否值得做。你不必去强调这点。然而打心底里我们都是理想主义者，都愿意去考虑那些听起来顺耳的动机。因此，为了改变人们的看法，就要诉诸更高尚的动机。

这在商业领域是否太过理想而难以奏效？我们来看一个事例

1　J·皮尔庞特·摩根（JohnPierpointMorganSr.，1837－1913），美国银行家，艺术收藏家。后人俗称其老摩根、J.P.摩根。美国近代金融史上最著名的金融巨头，几乎以个人之力拯救了1907年的美国金融危机。

约翰·摩根像

吧。就拿宾夕法尼亚州格伦诺登市法雷尔－米切尔公司的汉密尔顿·J.法雷尔来说吧。法雷尔先生的一个房客表示不满意，威胁要搬走。房客的租约还有4个月到期，虽然如此，他还是不理会租约就正式通知说要马上搬出去。

"这些人在我的房子里住了一个冬天了——年中花费最多的时候。"法雷尔先生在班上发言时说道，"我知道在秋天以前很难再把公寓租出去了。我明白，租房收入要全泡汤了，说实话，当时我都气疯了。"

"通常我会激愤地斥责他，提醒他好好读一读租约。我还会警告说，如果他搬走，余下几个月的房屋租金也必须马上付清——我会威胁说我有权那么做，而且我也会付诸行动。"

"不过，我并没有大发雷霆，当众大吵大闹，我决定试试其他的办法。我是这样做的：'铎先生，'我说，'我已经听说了，可我还是不相信你打算搬走。多年来房屋出租的生意让我多少了解一些人性，我从一开始就看出你是一个信守诺言的人。实际上，对这一点我很确定，我愿意冒一次险。'"

"'现在，我的建议是，把你的决定搁置几天，好好考虑考虑。到下个月1号，你的房租就该交了。在这之前，要是你来告诉我还是打算搬走，那么，我保证我会接受你的决定。我会准许你搬走，并且我承认我对你的判断是错的。可是，我还是相信你是一个信守诺言的人，你会履行合约的。说到底，不管我们是人还是猴子——选择权通常取决于我们自己！'"

"过了一个月，这位先生来找我，当面支付了租金。他和妻子经过充分的商量，他说，他们决定不搬家了。他们认为唯一体面的做法就是信守租约。"

已故的诺斯克利夫勋爵[1]发现报纸使用了一张他不想公开的照片，就给编辑写了一封信。然而，他说了"请不要再刊登我那张照片，我不喜欢"那样的话吗？没有，他诉诸更高尚的动机，他求助于我们对母亲的尊敬和爱戴。他写道："请不要再刊登我那样的照片。我母亲不喜欢。"

小约翰·D.洛克菲勒希望阻止报社摄影师拍摄他的孩子们，他也诉诸更高尚的动机。他没有说"我不想公开孩子们的照片"，相反地，他求助于我们内心深处不愿伤害孩子的愿望。他说："你知道这是怎么回事，伙计们。你们中有些人也有自己的孩子。你们知道，曝光太多对孩子们来说不是什么好事。"

塞勒斯·H.K.柯蒂斯，一个曾经一穷二白的来自缅因州的男孩，作为《星期六晚间邮报》和《女士家庭周刊》的所有人，他事业发达而成了一名百万富翁。可是创业之初，他却无法向其他杂志一样付给撰稿人同样的稿费。他付不起高额稿酬请一流的作家仅仅为了钱为他撰稿，于是他诉诸更高尚的目的。例如，他甚至说服了《小妇人》的作者——不朽的路易莎·梅·奥尔科特在她名望如日中天时为他撰写稿件。他能达到目的是因为他表示愿意寄去一张100美元的支票，但不是给她，而是给她最爱的济贫院。

说到这里，有的人可能会怀疑说："哦，那么做对于诺斯克利夫、洛克菲勒或者感性的小说家是挺管用的。不过，我倒想看

1　诺斯克利夫勋爵，著名报人，英国报业垄断的历史，是由北岩勋爵（又称诺斯克利夫勋爵）揭开序幕的。到第二次世界大战前，英国的报业市场已为一些实力雄厚的报团所掌握。其中最有影响者有北岩报团、比弗布鲁克报团及西敏斯特报团。

看它对那些铁公鸡是否管用！"

可能你说的没错。没有什么道理是放之四海而皆准的——也没有什么方法能对所有人都产生影响。如果你对现在得到的结果满意，那为什么还要改变呢？如果你不满意，为什么不试着有所改变呢？

不管怎么说，我认为你会乐意读一读我从前的学生詹姆斯·L.托马斯所讲的故事：

某汽车公司有6位顾客拒绝支付汽车服务费。他们没有对总的费用表示不满，但每个人都声称某一项费用出了差错。对每一项业务，顾客都在服务完成后签了字，所以公司认为收费没什么问题，他们也是这么对顾客说的。这是公司犯的第一个错误。下面是信贷部的人为了收取那些过期未付的账单而采取的步骤。你认为他们会成功吗？

1．他们亲自拜访每一位顾客，直截了当地说他们是来收取早该支付的钱款的。

2．他们明确地说公司方面绝对正确；因此，顾客毫无疑问是错的。

3．他们暗示说公司比顾客更了解汽车。因此，还有什么可争论的呢？

4．结果：他们争个不休。

这些方法能调解客户纠纷、结算账单吗？我想你心里已自有答案了。

事情到了这一步，信贷部的经理准备求助律师起诉那几位客户了，幸好这时，这件事引起了总经理的注意。总经理调查了这些拖欠钱款的客户，发现他们一贯及时付款，都有很好的商业信誉。那么肯定是有什么地方出错了——或许是催款方式大错特错了。于是他叫来了詹姆斯·L.托马斯，让他去收回这些"收不回来"的欠款。

以下是托马斯先生亲口所说的催款步骤：

1.我同样也去拜访每一位客户，收取早该支付的欠款——我们知道收取那些欠款是合情合理的。可是我对此只字未提。我解释说我来是看看公司已经做了些什么，或是有什么地方还没做到位。

2.我明确表示，除非听完客户的陈述，否则我没什么可说的。我告诉他们说，公司并没有声称自己是绝对正确的。

3.我告诉客户我只对他的车感兴趣，而他比世界上任何人都了解自己的车；在这方面他才是权威。

4. 我让客户讲话，而我只是带着兴趣、满怀同情地听着，这就是他想要的——也是他一直期待的。

5.当客户终于心平气和的时候，我把整件事情委托给客户，由他公正处理。

我求助于更高尚的动机。"首先，"我说，"我想让您知道，我也感觉这件事处理不当。我们的一位客户代表给您带来了不便，让您生气烦恼。这样的事情不会再发生了。我很抱歉，我代表公司向您道歉。当我坐在这里，听您讲述这件事情时，您的公正与耐心给我留下了深刻的印象。现在，鉴于您的公正与忍耐，我想让您帮我做件事情。这件事由您来做会比任何人做得都要好，您也是最了解这件事的人。这是您的账单；我很清楚，让您来核对账单是毫无问题的，就像您是我公司总裁一样的去做。我把整件事都交给您来处理。无论您说什么都算数。"

他是否调整了账单呢？当然了，他非常乐意那样做。账单金额在150到400美元之间，那么，客户有没有尽力给自己争取最大的好处呢？有，其中一位是这么做的！有一位客户拒绝为有争议的费用支付一分钱；可是其他5位顾客都尽可能多的支付了账单！整件事情最妙的地方是：接着两年内这6位顾客又在我们这里购买了新车！

"经验告诉我，"托马斯先生说，"在了解顾客的为人之前，唯一能让生意继续下去的合理原则就是假设他们为人正直诚实，一旦相信费用的收取是合理的，他们就愿意立即支付。换种说法也许说得更清楚：人们都是诚实的，都想履行自己的责任。即使有例外也是少数。我相信，只要让他们觉得你认定他们是诚实和公正的，有欺诈倾向的人在大多数情况下也会做出善意的反应。"

原则10　激发他人产生更高尚的动机。

十一、借用影视戏剧的表现手法

许多年前，《费城晚报》遭遇了一场险恶而有计划的造谣诽谤。恶毒的流言四处传播，针对广告商说读者已经对这家报纸感到厌烦，因为它刊登的广告太多，而新闻却太少。报社必须立即采取措施，消除流言蜚语的影响。

可是应该采取什么样的措施呢？下面就是这件事的解决过程。

《晚报》将某天的一期报纸中所有的可读内容都剪下来，分类后以一本书的形式出版。这本书标题就是《一天》，有307页——就像一本精装书一样；《晚报》把一天之内的所有新闻和特别报导印成一本书，然后出售，要价不是几美元，而是几美分。

那本书的出版戏剧性地突出了一个事实——《晚报》确实有充足有趣的读物可供阅读。它比一页页的数字和空谈更生动、更有趣，令人印象深刻地传达了这一事实。

这是一个"戏剧化"的时代。光陈述事实是不够的，一定要注意表现形式，要生动、有趣、富有感染力。你必须善于表现。就像电影、电视剧的表现方式一样。如果你想引起别人的注意，你就得这么做。

橱窗陈设专家非常了解"戏剧化"的力量。例如，一家新型毒鼠药制造商就让销售商使用两只活老鼠做橱窗展览。展示活老

音乐的感染力

鼠的那一周，销量一下子增加了5倍。

电视广告中运用"戏剧化"技巧兜售产品的例子比比皆是。晚上坐在电视机前，分析分析广告商们在每一次商品展示中都做了些什么。你会注意到抗酸药物改变了试管中酸性物质的颜色，可它的竞争者却做不到；某个牌子的肥皂或者洗涤剂让一件油渍渍的衬衫变得洁净无比，其他牌子的洗涤产品却让衬衫显得灰蒙蒙；你会看到一辆车灵巧地转过一系列弯道，这远比只是空口说的效果要好得多；欢乐的笑脸表明人们对各种类商品表示满意。这一切向观众生动地展示了他们所兜售的商品有多么优秀，诱导着人们去购买该品牌的产品。

在事业或生活的任何方面，你都可以使自己的想法更有感染力。这并不难。NCR公司（国民收银机公司）位于弗吉尼亚州首府里士满市，吉姆·伊曼斯在该公司做销售。他讲述了自己如何通过"戏剧性"的展示做成了一笔生意。

"上个星期，我去拜访附近的杂货店店主，看到他收银台上使用的收银机款式很老旧了。我走到店主身边，对他说：'每次顾客排队等候的时间都意味着你实际损失了好几分钱。'说着，我就往地上扔了一把分币。他立刻就对我的话更为关注了。光是话语本身已让他很感兴趣，但真止让他开始考虑那个问题的却是硬币撞击地板的声音。为了换掉他那些老旧的机器，他跟我签了一份订单。"

这个方法在家庭生活中也同样奏效。从前，当男人向心爱的女人求婚时，难道只是说出自己的爱？不！他还会跪下。那意味着他对自己所说的非常看重。如今，我们不再下跪求婚，但许多求婚者仍然会在求婚前营造一种浪漫的气氛。

"戏剧性"地表现你的想法，这一招对孩子也管用。小乔·B.方特住在阿拉巴马州伯明翰市，他发现很难让5岁的儿子和3岁的女儿乐意收拾他们的玩具。于是他发明了一种"火车"。乔伊当上了三轮脚踏车司机（凯西·琼斯列车长[1]）。珍妮特的马车与他的三轮车相连接，一到晚上，她在"火车"的守车[2]（她的马车）上装满"煤"，然后她跳进车里，哥哥用车拉着她在房间里转来转去。

房间就这样收拾好了——不用说教、争辩，更不用威胁。

詹姆斯·B.博因顿必须要提交一份详细的市场报告。他的公司刚刚对某成功品牌的冷霜完成一项全面调查。他们急需这一市场的竞争资料；预期客户是广告业中最重要——也是最优秀的一个人。

他的第一次尝试几乎刚刚开始就失败了。

"我第一次走进他办公室后，"博因顿先生解释说，"发现自己转换了话题，徒劳地谈起了研究中使用的调查方法。我和他争论不休。他说我错了，我就非要证明自己是对的。最后我赢了，自己也很满意，可是时间也到了，面谈结束了，没有任何结果。"

"第二次，我不再为数字表格和资料费心。我直接找到他，把事实戏剧性地展示了出来。"

"我走进办公室时，他正忙着打电话。等他一打完电话，我

---

1 凯西·琼斯列车长（CaseyJones，1863-1900），美国铁路工程师和列车长，为了救人，自己的客车与货车相撞而牺牲，被誉为民间英雄。

2 守车（caboose），载货列车末尾供列车员使用的车厢。

昏昏欲睡的说教

就打开了手提箱，把32瓶冷霜倒在他的桌子上——所有他知道的产品，也是与他的冷霜竞争的全部产品。"

"我在每一个瓶子上都贴了一个标签，详尽列出了贸易调查的结果，每一个标签都附带简洁的描述，非常引人注目。

"接下来又发生了什么呢？

"争论平息了。与前一次相比，情况发生了变化。他拿起第一瓶冷霜，然后又拿起另一瓶，读着标签上的信息。一次融洽的谈话就这么开始了。他另外又问了我一些问题。他显得非常感兴趣。他原本只给我10分钟的时间做事实陈述，可是10分钟过去了，20分钟过去了，40分钟也过去了，已经一个小时了，我们还在交谈。"

"我的陈述和之前做的完全相同。但这次我使用了戏剧化的表现手法，效果大不相同。"

原则11　表达自己的想法时要生动有趣。

十二、如此这般，方显成效

查尔斯·施瓦布手下有一个车间主管，他所管理的工人总是完不成生产定额。

"这是怎么回事？"施瓦布问他，"你这个主管这么能干，就不能带领车间完成任务？"

"我也不知道是怎么回事儿。"主管回答说，"我对他们是软硬兼施，赌咒发誓，甚至是痛骂，威胁要解雇他们。什么招儿都不管用。他们就是完不成定额。"

这次谈话在傍晚进行，正好在换夜班之前。施瓦布问主任要了一支粉笔，然后问旁边最近的一个人："你们班今天炼了几炉钢？"

"6炉。"

施瓦布一句话也没说就用粉笔在地板上写了一个大大的数字6，转身离开了。上夜班的人来了，看到数字"6"就问这是什么意思。

"大老板今天来了。"白班的工人们说，"他问我们今天炼了多少炉，我们告诉他炼了6炉，他就在地板上写了个6。"

第二天早上，施瓦布又来到车间。夜班工人已经把"6"给擦掉了，用粉笔写了个很大的"7"。

白班工人早上来上班时看到了地板上那个大大的"7"。这么说，夜班的工人觉得他们比我们白班的做得更好咯？是吗？好吧，得给夜班的工人一点颜色瞧瞧了。上白班的全体工人开始铆足了劲儿干活。到了下班的时候，他们在地板上留下了一个不可思议、神气无比的"10"。产量一天天在增加。

不久之后，这个曾经产量低下的车间远远地超过了厂里其他的车间。

这体现了什么原则呢？

还是让查尔斯·施瓦布亲自解说吧："解决问题的办法就是激起竞争意识。我没有用赚钱多少来诱惑工人，只是激发了他们心中超越别人的渴望。"

超越他人！迎接挑战！一决胜负！这是屡试不爽的能激发人们斗志的办法！

没有挑战，西奥多·罗斯福就不会成为美国总统。作为一名刚从古巴回国的莽骑兵，他被推举为纽约州州长。反对派发现他不是该州的合法居民，罗斯福对此感到惶恐不安，想要退出竞选。后来，当时的美国参议员——来自纽约的托马斯·科利尔·普拉特向他发出了质疑，他断然喝到："难道那位圣胡安山（位于古巴东南部）的英雄是个懦夫吗？"他的话出乎意料地激发了罗斯福的斗志。他没有退缩，坚持到底，最终创造了历史。一句质疑不仅改变了罗斯福个人的生活，还真切地影响了美国的未来。

"人都会有恐惧之心，勇者会放下恐惧，继续前行，也许会遭遇死亡，但最终将迎来胜利。"这是古希腊国王卫士的箴言。还有什么比有机会战胜内心恐惧所面临的挑战更大呢？

阿尔·史密斯在担任纽约州州长时曾面临极大的挑战——恶

魔岛西面臭名昭著的星星监狱还没有任命监狱长。那里的丑闻、谣言四下传播，史密斯急需一个得力助手，一个可靠能干的人来管理星星监狱。可是谁能胜任呢？他请来了新汉普顿市的刘易斯·E.劳斯。

"你去负责管理星星监狱如何？"他和蔼地对站在面前的劳斯说，"他们需要一个有经验的人。"

劳斯听了大吃一惊，不知如何回答。他非常明白在星星监狱工作的风险。这是一项政治任命，深受政治风云变幻的影响。那里的监狱长像走马灯似的换个不停——有一位只待了3个星期。他必须为自己的前途考虑。冒这个险是否值得呢？

史密斯注意到了他的犹豫不决。他笑了，把身子往椅背上一靠，说："年轻人，感到害怕很正常，我不会为此而责备你。那确实是个麻烦不断的地方，需要一个重量级的人物去管理。"

史密斯就这样挑明了劳斯面临的挑战。而劳斯的反应如何？只有重量级的人物才能完成的工作？他很愿意听到这样的说法。

于是他领命到星星监狱赴任，一直在那儿工作，他的坚持最终让他成为那个时代闻名全国的监狱长。《星星监狱两万年》——他写的一本书——售出了几十万册。他做的广播节目，还有他讲述的监狱生活故事，激发了几十部电影的创作灵感。他对犯人进行的"人性化"管理在监狱改革方面成果斐然。

竞争！成功者总会欣然接受竞争！竞争意味着拥有了展现自我的机会，意味着拥有了证明自身价值的机会，意味着超越他人，并最终赢得成功。这就是为什么竞走、职业叫喊和吃馅饼也能成为一种竞赛的原因。人人都渴望超越别人，渴望获得他人的重视！

原则12　给自己制定一个挑战目标，并接受挑战。

作家福楼拜

第四章

如何转化对立面：巧妙引导胜过僵化的批评

一、欣赏和肯定对方——批评的前奏曲

卡尔文·柯立芝执政期间，我的一个朋友受邀到白宫过周末。无意间走进总统的私人办公室，听到柯立芝对他的一位秘书说："今天上午你穿的这件连衣裙非常漂亮，你也很迷人。"

这可能是"沉默的卡尔"一生中对秘书说过的最溢于言表的赞美了。这样的溢美之词太不寻常而且出人意料，让那位秘书惶恐地羞红了脸。接着，柯立芝又说道："好了，不要难为情了。我这么说只是让你感觉好一点。从现在起，希望你能多注意标点符号。"

他的方法可能过于直白，却是非常善解人意的。先称赞我们的优点，会让我们更容易接受令人不快的评价。

刮脸之前理发师都要给人脸上抹皂沫；1896年麦金莱竞选总统时就是这么做的。当时一位著名共和党人写了一篇竞选演讲词，自认为比西塞罗[1]、帕特里克·亨利[2]和丹尼尔·韦伯斯特[3]

1　马库斯·图留斯·西塞罗（Marcus Tullius Cicero，公元前106年—前43年），古罗马著名政治家、演说家、雄辩家、法学家和哲学家。出身于古罗马奴隶主骑士家庭，以善于雄辩而成为罗马政治舞台的显要人物。

2　帕特里克·亨利（Patrick Henry，1736–1799），苏格兰裔美国人，是弗吉尼亚殖民地最成功的律师之一，以机敏和演说技巧而著称。

3　丹尼尔·韦伯斯特（Daniel Webster，1782–1852），美国政治家，曾两次担任美国国务卿。

麦金莱总统发表演说

人合体写就的文章还要好一点点。他非常兴奋地给麦金莱诵读他的不朽演讲。这篇演讲词有它的优点，但会引发一场急风暴雨般的批评。麦金莱不想挫伤他的感情，也不能抹杀他满腔的热情，但他又不得不对此说"不"。且看他是如何巧妙处理的吧。

"我的朋友，这是一篇非常棒、非常精彩的演讲，"麦金莱说，"没有人会写出比这更好的演讲词了。你可以在许多场合发表它，可它适用于这种特定场合吗？从你的立场来看，演讲稿是有理有节的，可我必须从党的立场来考虑它的影响。现在，你回家按照我指明的方针路线写一篇演讲稿，然后给我一份。"

那位先生对麦金莱的建议照单全收，又写了一份讲稿。麦金莱帮助他删改并重写了第二份演讲稿，同明相照助他成为竞选活动中引人注目的演说家。

接下来要说的是亚伯拉罕·林肯写过的第二封最著名的信（他最著名的一封信写给比克斯比太太，表达了对她在战争中失去5个儿子的哀痛。）。林肯大概5分钟就匆匆写完了这封信，但是在1926年的公开拍卖会上，这封信却卖到了12000美元。顺便提一下，这比林肯努力工作50年攒的钱还要多。这封信是林肯在1863年4月26日内战形势最严峻的时候写给约瑟夫·虎克将军的。18个月以来，林肯手下的将军们指挥着联邦军队屡战屡败。战争带来的不过是毫无意义的愚蠢的屠杀，举国上下惶惶不安。数几千名士兵逃离部队，甚至连参议院的共和党人都背叛了，想迫使林肯下台。"我们濒临毁灭。"林肯说，"在我看来，好像连上帝都反对我们，我几乎看不到一丝希望。"这封信正是在这种郁闷、悲伤和混乱的背景下写成的。

我将这封信打印出来，因为它表明在国家命运取决于战斗之时，林肯如何转变了那位桀骜不驯的将军。

成为总统之后，这封信或许是林肯写过的言辞最为尖刻的一封了；不过，你会注意到，在谈及虎克将军的严重错误之前，他首先赞美了虎克将军。

是的，这些错误很严重，可是林肯并没有这么说。他更谨慎，更委婉。林肯写道："在有些方面我对你不是很满意。"说得多么得体！多有策略！

以下就是林肯写给虎克将军的信：

我任命你为波托马克军团的司令。当然，对此我有充分的理由。然而我认为你应该知道，在有些方面我对你并不十分满意。

我相信你是位智勇双全的战士，当然这也是我最欣赏你的一方面。我也相信你并没有将你的职业同政治混为一谈，在这方面你没有错。你很自信，这一品质即使不是必不可少的也是弥足珍贵的。

你雄心勃勃，这在一定程度上有益而无害，可是，我认为在伯恩赛德将军指挥军队期间，你只考虑自己的雄心壮志而竭力阻挠他。在这件事上，你极大地危害了国家，也伤害了一位战功赫赫、受人尊敬的军中同僚。

据可信消息称，你最近提出了军队和政府都需要一位独裁者的说法。我授予你指挥权恰恰是为了避免出现这种状况。

只有那些取得了成功的将军们才能成为独裁者。我现在要求你的是军事胜利，所以我才会冒险让你独揽大权。

政府会鼎力支持你，就像过去和将来它为所有指挥官所做的

林肯雕像

那样。我十分担心你在军队里灌输的那种批评指挥官、不信任指挥官的思想会发生在你身上。我会尽我所能帮助你消除这种思想。

无论是你，还是拿破仑——假如他还活着的话——都不会从弥漫着这种思想的军队中得到任何益处。我们要警惕鲁莽。警惕鲁莽的同时，还要精神抖擞，提高警惕，奋勇前进，为我们赢得胜利。

你不是柯立芝，也不是麦金莱或者林肯。你想知道的是这一原则是否对普通商务活动也有效。有效吗？让我们以费城华克公司的W.P.高的例子来说吧。

华克公司签订了一份合约，要在一定期限内建造完成一座大型办公楼。一切都进行得很顺利，就在快完工的时候，负责这个建筑外部青铜饰件的分包商突然宣称他无法按期完工。天啊！整幢大楼的建设都要被耽搁！公司会受到重罚，损失将很惨重！所有这一切都只因为一个人！

与那位分包商之间的长途电话充满了愤怒，争吵！一切都无济于事。于是高先生被派往纽约，想在这位太岁头上动动土。

"你知道吗，在布鲁克林，只有你一个人叫这个名字。"在高先生和分包公司的总裁互相介绍之后，高先生这么说道。那位总裁很吃惊："不会吧，我还不知道呢。"

"确实是这样。"高先生说，"今天早晨下火车后，我在布鲁克林电话簿里找你的地址，却发现只有你使用这个姓氏。"

"我还从没意识到这一点呢。"分包商说。他饶有兴致地查看着电话簿。"嗯，这个姓氏很不寻常。"他自豪地说，"大约200年前，我们家族从荷兰来到纽约定居。"他继续谈他的家族和先祖，一连说了好几分钟。他一说完，高先生就称赞他拥有一家大规模的工厂，并且拿它和自己曾经去过的同类型工厂相比。"这是我见过的最干净、最整洁的铜器厂。"高先生说。

"我花了一辈子的时间逐步建成这份事业，"分包商说，"我感到十分骄傲。你愿意参观工厂吗？"

参观过程中，高先生对他的制造设备非常赞赏，说他的工厂看起来比竞争对手的工厂要胜出一筹，并分析了个中原因。高先生还提到那些与众不同的机器。分包商声称那些机器都是他自己发明的。他花了相当长的时间给高先生演示机器的操作，还展示了由那些设备制成的优质产品。午餐时间到了，分包商一定要请高先生吃午饭。我想提醒各位，至此，高先生对他此次拜访的真实目的只字未提。

午饭过后，分包商说："现在言归正传吧。我知道你为什么来这里。但我没想到这次会面会如此愉快。你可以回费城了，我向你保证，你的材料会按时制造完成并运过去，哪怕我们得推迟其他订单。"

高先生甚至没有提及自己的要求就达到了目的。材料按时运到，大楼也在合约规定的那天按时完工。

在这种情况下，如果高先生采用的是通常那种硬碰硬的办法，结果还会这么圆满吗？

多萝西·莱伯斯基是联邦信贷联盟的分部经理，该公司位于新泽西州蒙默思堡市。她在我们的培训课上叙述了自己是如何帮助一名员工提高工作效率的：

"最近我们雇用了一个年轻的实习出纳员。她很善于与客户沟通。处理单笔交易时也很准确高效。但在当天下午结算时她的问题表现出来了。"

"总出纳找到我，强烈建议我解雇她。'就因为她结算太慢，其他人的工作都被耽搁了。我给她示范了一遍又一遍，她还是抓不着要领。她必须离开！'"

"第二天我观察了她的工作，她在处理普通常规交易时既准确又快捷，而且对客户非常友善。没多久我就发现她为何在结算时效率特别低。下班后，我找她谈话。她显得非常紧张不安。我首先表扬了她对顾客的友善和易于相处，肯定了她在工作中的准确和快捷。接着我建议她回顾一下结算时使用收银机的程序。一旦意识到我对她的肯定，她很轻松地接纳了我的建议并很快掌握了收银机的功能。从那以后她再没让我们感到为难。"

批评他人时先表扬对方就像牙医治疗前先给病人打麻药一样。病人仍然要被钻磨牙齿，但普鲁卡因可以止疼。

做一名领导者就应该：

原则1　用真诚的赞赏和表扬作为批评的前奏。

二、委婉地提出批评意见

一天中午，查尔斯·施瓦布[1]在他的一座钢铁厂内碰见几个工人在吸烟。"禁止吸烟"的牌子就挂在他们的头顶上方。施瓦布可以直接走过去指着牌子说："难道你们不识字吗？"但他没有那么做，他走到工人面前，递给每人一支雪茄，说："小伙子们，要是你们能出去吸烟，我将非常感激。"工人们明白施瓦布是知道他们违反了规定的——但他们钦佩他，因为他并没有因此而批评他们，反而用赠送小礼物的方式让他们感到自己被尊重。你也会禁不住喜爱这样的人吧？

约翰·沃纳梅克也使用了同样的方法。以前沃纳梅克每天都去他的费城大百货商店走一走看一看。一次，他看到一位顾客站在柜台旁却没有人理睬她。售货员都在干什么呢？哦，原来他们正聚在柜台的另一端谈笑风生呢。沃纳梅克一声不吭地走到柜台后，亲自接待了那位女士，然后把商品递给售货员包装，自己继续转悠去了。

政府官员经常受到指责，说选民很难接近他们。他们是大忙人，有时候，毛病就出在过分保护他们的助手身上，他们不希望

1　查尔斯·斯瓦布（Charles Schwab，1862–1939），美国企业家、钢铁工业的先驱。

自己的上司因接待访客太多而负担过重。

在迪斯尼世界的故乡佛罗里达州，一直担任奥兰多市长的卡尔·兰福德，多年以来经常告诫工作人员要允许民众来见他。然而市民求见市长时，还是被秘书和行政人员拒之门外。

最终市长找到了对策。他把办公室的门给拆掉了！他的助手们明白了。自从那扇门被象征性地拆掉后，市长的行政管理工作开始对公众开放了。

仅仅是换一个词，往往有助于成功转变他人，却不会带来冒犯，或者引起愤恨不满。

许多人总是以真诚的赞美开始，紧接着用一个"但是"来引出对他人的批评。例如，想转变一个孩子粗心大意的学习态度，我们可能会说："这学期你的成绩提高了，我们为你感到自豪，约翰尼。但是，如果你能努力学习代数，就更好了。"

在约翰尼听到"但是"之前，他可能会感到很受鼓舞。随后他便可能质疑你刚才的赞美是否真诚，在他看来，赞美似乎只是一次精心的导入，接下去就是对失败的批评性结论，其可信度大打折扣，我们就很可能达不到改变约翰尼学习态度的目的。如果把"但是"换成"而且"，那么就很容易避免出现那种情况了。

"约翰尼，我们真为你自豪，因为这学期你的成绩提高了，如果下学期继续努力的话，你的代数成绩就会和其他人一样好了。"

现在，约翰尼会乐意接受你的称赞了，因为接下去没有对失败的推断。我们已经间接地使他更加关注自己应该改进的行为，而且他很可能会试着按照我们的期望去做。

对于那些敏感的可能非常反感听到直接批评的人来说，间接地让他意识到自己的错误，会产生不可思议的效果。罗德岛文索基特市的玛姬·雅各布参加了我们的培训班。她谈起了自己如何说服那些邋遢的建筑工人在扩建房子时还把她的院子收拾干净的事例。

刚开工的头几天，雅各布太太下班回家后发现院子里到处散落着木料碎片。她不想引起工人们的反感，因为他们做的活儿很棒。于是，等到工人们回家后，她才和孩子们捡起了所有的碎片，把他们整齐地堆在一个角落里。第二天一早，她把工头叫到一边，说："我很满意昨晚你们把前面的草坪整理得那么整洁干净，没有妨碍到邻居。"从那天起，工人们都会把碎木头捡起来，堆到一边，工头在每天的工作结束之后都要检查草坪的情况。

预备役军人和正规军教官之间的主要争议就是理发问题。预备役军人自认为是普通百姓（大多数时间里他们确实是），非常反感把头发剪短。

美国第542军陆军后备队学校的军士长哈利·凯撒同一群预备士官共事的时候，曾经着手解决这一问题。作为一名老派的正规军军士长，别人可能都预料到他会朝士兵大吼大叫，并加以威胁。但是，他委婉地表明了自己的观点。

"先生们，"他说，"你们是领导者，如果以身作则，你们就是表率。你们一定要成为士兵的榜样。你们知道部队对理发的规定。今天，我要去剪头发，尽管我的头发比你们中的一些人还要短。你们照照镜子，如果你觉得要理个发，做个好榜样，我们会给你安排时间去营地理发店。"

结果可想而知。那几个需要理发的预备役军官真的照了镜子，当天下午就去了理发店，按"条例"要求理了发。第二天早晨，凯撒军士长就评价说，他已经看到了班里的一些人在领导素质方面的进步。

1887年3月8日，善于雄辩的亨利·沃德·比彻[1]去世了。接下去的那个周日，莱曼·艾伯特[2]受邀在比彻的讲坛发表讲话。他渴望能有出色的表现，于是他写了又改，改完再重写，用福楼拜式的一丝不苟修饰演讲稿，然后再读给妻子听。同大多数书面演讲稿一样，这篇也很糟糕。如果她稍微缺乏一点判断力，她可能就会说："莱曼，很糟糕啊，根本不行。你会让人们睡着的。读起来就像百科全书似的。这么多年的讲道，你应该懂得更多。天哪，你怎么就不能像人一样说话呢？你为什么不能表现得自然一点呢？要是你读那些东西，你自己也会感觉丢脸。"

她很有可能会这么说。如果她这么说了，你知道结果会怎样，她也知道。因此，她只是评论说这是篇好文章，可以发表在《北美评论》上。换句话说，她赞美了这篇稿子，同时也巧妙地

---

1 亨利·沃德·比彻（Henry Ward Beecher, 1813–1887年），美国牧师，支持许多改革和运动。他强烈反对奴隶制度。在南北战争期间，他在英国做了一系列演讲，呼吁支持北方，是当时最雄辩的演说家之一。

2 莱曼·艾伯特（Lyman Abbott, 1835–1922），美国教育学家，史学家。

暗示了它不适合演讲。莱曼·艾伯特明白了这一点，撕掉了自己精心准备的手稿，连笔记都没有用就去布道了。

纠正他人错误的有效方法就是委婉地提醒他们的错误。

原则2　委婉地提醒他人的错误。

三、批评与自我批评

约瑟芬·卡耐基是我的侄女，19岁，3年前高中毕业后到纽约做了我的秘书。起初她几乎对商务工作一无所知，后来却成了西苏伊士地区最精明能干的秘书。然而刚开始工作的时候，她确实需要提高。一天，我自忖道："等一会儿，戴尔·卡耐基，等一会儿。你比约瑟芬年长一倍。你的商业经验要比她多10000倍。你怎么能期望她拥有和你一样的观点、判断力、主动精神——尽管这些在你看来可能很平常？再等一会儿，戴尔，你19岁的时候在做什么呢？还记得你自己那些愚蠢的错误吗？还记得你做这个……那个……的时候吗？"

在认真而客观地反复思量之后，我得出结论，约瑟芬19岁时的平均成功率比同时期的我要好很多——而且，我很惭愧地承认，她确实很不错。

从那以后，如果我想让约瑟芬留意她的错误，我通常会这样说："你出了错，约瑟芬，不过天知道，这不如我犯的那些错误严重。你不是生来就会判断的。判断只能源于经历，你比我在你这个年纪的时候要优秀多了。我一直对自己做过的那些蠢事感到惭愧。我并不喜欢批评你或者其他任何人。不过，你不觉得要是这么做会更明智吗？"

如果批评你的人一开始就谦逊地承认他自己也远不是无可指摘，那么，听他评述你的错误就不是那么困难了。

加拿大马尼托巴省布兰登市的E.G.迪利斯通和新任秘书之间出现了一些问题。他口述的信件拿到他办公桌上签字的时候，每一页上总是有两三个拼写错误。迪利斯通先生讲了自己是如何处理这件事的：

"像许多工程师一样，我从来没有因为出色的英语水平或者准确的拼写而受到关注。多年以来，我一直保留着一个黑色带有书边标目的小本子，上面记着那些我感到拼写困难的单词。单纯地指出错误显然不会让我的秘书进行更仔细的校对并查阅字典，于是我决定采取另一种办法。当又一封出现拼写错误的信需要我签字时，我坐到了身兼打字员的秘书旁边，说道：

"'怎么这个单词看起来不对啊。我也一直弄错这个单词。这也是我开始记这个拼写本的原因（我打开本子，翻到那一页），是的，就是这个。现在，我很在意自己的拼写，因为人们会通过我们的信件来判断我们，拼写错误会让我们看起来不那么专业。'

"我不知道她是否仿效了我的那一套做法，只是从那次谈话以后，她的拼写错误明显减少了。"

早在1909年，处世圆滑的伯恩哈德·冯·比洛亲王就认识到这样做非常有必要。冯·比洛当时是德意志帝国首相，位居皇位的是威廉二世——桀骜不驯、傲慢自大的威廉——德意志帝国的末代皇帝，他创立了德国陆军和海军，夸口说他的军队作战既勇猛又顽强。

后来威廉二世制造了震惊世界的事件。皇帝陛下那些令人难以置信的言论震撼了整个欧洲大陆，引发了世界各地愤怒情绪的连续迸发。令事件雪上加霜的是，在英国访问时，这位皇帝公然发表愚蠢自负的谬论，并准许将其刊登在《每日电讯报》上。例如，他宣称自己是唯一一个对英国人友好的德国人；他正在建立一支能与日本抗衡的海军；他，而且只有他拯救了英国，使其免于遭受俄国和法国的奇耻大辱；是他的作战计划促使英国的罗伯茨勋爵击败了南非的布尔人等诸如此类的言论。

100年来，没有哪位欧洲国王曾在和平时期说出这样令人震惊的话。整个大陆就像被捅了黄蜂窝一般骚动不安。英国被激怒了。德国政治家也为之惊骇不已。极度惊慌失措之下，皇帝变得惶恐不安，建议帝国首相冯·比洛亲王承担这一过错。是的，他想要冯·比洛宣称一切都因自己而起，是他建议皇帝发表这些令人惊诧的言论。

"可是，尊敬的陛下，"冯·比洛抗议说，"在我看来，无论是在德国还是英国，没有人会相信我有能力劝导陛下您说出这些话。"

话一出口，冯·比洛就意识到自己犯了一个严重的错误。皇帝顿时暴跳如雷。

"你当我是傻瓜，"他喊道，"尽犯些你不会犯的错误！"

冯·比洛知道在批评之前，应该先肯定赞扬对方，但既然已经祸从口出，那就退而求其次吧。批评之后，他开始赞美对方了。情形因此发生了逆转。

"我决不是那个意思，"他恭敬地答道，"陛下您在许多方

比洛亲王奉承威廉二世

面都远胜于我，不仅在海军和军事知识方面，尤其是在自然科学方面。当陛下您在讲解气压计、无线电报或者伦琴射线的时候，我常常是满心崇拜地倾听。我很惭愧自己对自然科学的方方面面都很无知，也完全不懂化学和物理知识，我根本不能解释说明最简单的自然现象。""然而，"冯·比洛继续说道，"我懂一些历史方面的知识，可能也具备某些在政治活动中实用的能力，尤其是在外交上。这也算是一种弥补吧。"

皇帝面露笑意。冯·比洛称赞了他，肯定了他。冯·比洛抬高了皇帝，贬低了自己。考虑到这一点，皇帝就能原谅他所做的一切了。"我总是说，"皇帝热情地大声说道，"我们应该好好地相互扶持嘛。我们应该同舟共济！"

皇帝与冯·比洛多次握手致意。当天晚些时候，他满怀热情，手握双拳地宣称："要是有人敢在我面前说冯·比洛一个不字，我就揍扁他的鼻子。"

冯·比洛终于挽救了自己的命运——然而，这个精明的外交家还是犯了一个错误：他应该一开始就说自己的短处，然后再谈威廉的优势——而不是暗示皇帝是个傻瓜，需要一个监护人。

如果几句自我谦逊又赞美对方的话能够让一位受到侮辱的傲慢的皇帝变成你坚定的朋友，想象一下，在我们日常交往中，谦逊和赞美能为你我做些什么。只要恰到好处，它们就能在人际关系中创造真正的奇迹。

承认自己的错误——即使是在自己还没能改正的时候——也能够帮助我们说服他人改变。最近，来自马里兰州蒂莫尼姆市的克拉伦斯·泽哈森证实了这一点。他发现自己15岁的儿子正在学抽烟。

"'当然了，我不希望大卫吸烟，'泽哈森告诉我们说，'但是，我和他妈妈都吸烟；一直以来我们给他树立的是坏榜样。我向大卫解释自己是如何在他这个年纪时开始吸烟的，尼古丁又是如何使我上瘾，现在我几乎是不可能戒掉了。我提醒说我咳嗽时非常难受，他要是不戒烟，用不了多少年他就会成我这个样子。'"

"我并没有劝他或者威胁他戒烟，或者警告他吸烟的危害。我所做的就是指出我自己是如何吸烟成瘾的，以及上瘾对我而言意味着什么。"

"他想了一会儿，决定在高中毕业前不吸烟。时间一年年过去了，大卫没有再吸烟，也没有打算吸烟的想法。"

"那次谈话使我决心戒烟，在家人的支持下，我做到了。"

原则3　在责备他人之前，先谈自己的错误。

四、建议胜过命令

我曾有幸同美国资深传记作者艾达·塔贝尔小姐共进晚餐。我告诉她说我正在写这本书，于是我们开始讨论起与人融洽相处这一重要议题。她说，在她写欧文·D.杨的传记时，她曾采访了一个同杨先生共事3年的人。那位先生说，3年当中，他从未听到欧文·D.杨给任何人直接下过命令。他总是给出建议，而不是下达命令。比如，欧文·D.杨从来不说"要这样做，要那样做"或是"不要这么做或不要那么做"，他会说："你可以考虑考虑，"或者"你觉得会有作用吗？"在口述完一封信时，他经常会说："你觉得这封信怎么样？"在检查助理写的信时，他会说："如果我们这么措辞可能会更好。"他总是让大家自己处理事情；他从不吩咐助手们做这做那，而是放手让他们自己去做，让他们在错误中吸取教训。

那样的处事方式易于让人改正错误，能够维护一个人的自尊，给人受到重视的感觉，能起到鼓励合作而不是对抗的作用。

无礼的命令所引起的怨恨可能会持续很长时间——即使是为了扭转显而易见的糟糕局面。丹·桑塔雷利是宾夕法尼亚州怀俄明市职业学校的一位老师，他在我们培训班上讲了一件事。他的一个学生乱停车，结果堵住了一处学校商店的入口。一位老师咆哮着冲进教室，盛气凌人地问："是谁的车挡住了车道？"车主应声回答后，那位老师厉声喝道："开走，马上开走你的车，否则我就用铁链把它拖走。"

那个学生确实做错了，不应该把车停在那儿。可是，从那天起，不光是他反感那位老师的举动，班里其他的学生也都想方设法地为难那位老师，使他工作得很不愉快。

如果用不同的方式，那位老师应该如何处理这件事呢？如果他能友善地问"车道上的那辆车是谁的？"然后建议是否能把车挪一挪，以便于其他车辆自由进出，那个学生会很高兴地把车挪走，他和同学们也不会那么难过和愤恨不平了。

提问不仅会让命令变得更遂如人愿，还常常激发被问者的创造性。如果人们参与了某项决议的制定，他们会更愿意接受这一命令。

伊恩·麦克唐纳是南非约翰内斯堡市一家小型精密机器零件制造厂的总经理。他有机会接受一份大额订单，但他不确定自己的工厂能否按时完工交货。产品已经列入商店的销售目录，可短时间内完成订单的要求似乎很不现实。

　　他没有催逼工人们加速工作，仓促完成订单，而是把大家召集起来，向他们说明目前的状况，并告诉他们如果能够按时完成订单，对公司和工人们自己来说意义都非常重大。然后他就开始发问了：

　　"我们该怎么处理这份订单？"

　　"有没有人能够想出别的办法在车间加工这批订货？这样我们可以拿下这个订单了。"

　　"有没有什么办法能够调整我们的时间和人员安排？"

　　职工们想出了很多点子，坚持让他接下这份订单。他们以"我们能行"的态度处理了这个问题，接下了订单，并按时完工交货。

　　优秀的管理者应该……

　　原则4　提出问题而不是发布命令。

272

五、保全他人的尊严

几年前，通用电气公司面临一件棘手的事情，要解除查尔斯文·斯坦梅茨部门主管的职务。斯坦梅茨原先在电气部门的时候是个一等一的天才，但在策划部门当主管却很失败。可公司不敢触怒他，他是不可或缺的——却又非常脆弱敏感。于是他们给了他一个新头衔，任命他为通用电气公司咨询工程师——工作性质同原先一样，只是换了个新头衔，让另一个人去领导那个部门。

斯坦梅茨很高兴。

通用公司的高管们也很高兴。他们悄悄地把最喜怒无常的主角成功调职而没有引发动荡——因为保全了他的尊严。

保全他人的尊严！这很重要，而且是至关重要！而我们却很少有人静下心来思考这个问题！我们盛气凌人，随心所欲，吹毛求疵，威胁恐吓，当着别人的面批评孩子或者下属，根本没想到这会伤害他们的自尊。反之，几分钟的关注，一两句贴心的话语，真诚的理解，都能大大地减轻对方的痛苦烦恼。

以后当我们有必要解雇或批评职员时，要记住这一点。

"解雇职员可不是有趣的事。职员被解雇更是难受。"（此刻我引用了注册公共会计师马歇尔·A.格兰杰写给我的一封信）

"我们的业务具有季节性。因此在所得税申报高峰结束后，我们不得不解雇许多人。"

"我们这一行有句俗话，没人喜欢挥舞斧头（解雇别人）。因此，人们习惯于速战速决，通常是这样的：'请坐，史密斯先生。这一季过去了，我们再没有工作能派给你了。当然了，你知道的，你就是因为忙季而受雇的，等等。'"

"他们一是感到失落，二是觉得丢脸。他们中大多数人一辈子都在干会计这一行，他们不会热爱一个随意抛弃他们的公司。"

"最近，我决定在解聘那些临时雇员时讲点策略，多些尊敬。于是在我仔细衡量了他们冬季的工作之后，把他们依次叫进办公室。我说了类似这样的一些话：'史密斯先生，你出色地完成了你的工作（如果他确实是这样）。上次派你到纽瓦克市承担一项艰巨的任务。你处境困难却出色地完成了工作，我们希望你知道公司为你骄傲。你能力很强——无论你在哪里工作，都对你大有帮助。公司相信你，支持你，我们希望你不要忘记这一点。'"

"效果如何？人们离开时对于被解雇感觉好多了。他们不会感觉到'丢面子'，他们明白如果我们有工作，就会继续雇佣他们。当我们再次需要他们时，他们会非常乐意地回来。"

某次课堂上，两名学员就吹毛求疵的消极影响和保留他人颜面的积极影响进行了比较。

来自宾夕法尼亚州首府哈里斯堡市的佛瑞德·克拉克讲述了一件发生在他公司的事情:"在我们的一次生产会议上,一位副总裁就生产流程向车间主管提出了尖锐的质问。他语气咄咄逼人,目的就是要挑出该主管工作中出的错。由于不愿在同事们面前难堪,那位主管的回答闪烁其词。副总裁因此大发雷霆,对他厉声呵斥,指责他说谎。"

"之前的合作伙伴关系在这短短几分钟的对抗之后荡然无存。那位主管,其实是个优秀的员工,但从那时起他对我们公司而言就毫无价值了。几个月后,他离开了公司,到我们的竞争对手处就职,我听说他在那里做得很出色。"

另一个学员安娜·马佐尼讲了她在工作中遇到的一件类似的事情——但是在方法和结果上截然不同!马佐尼女士是一位食品包装机的营销专家,公司分配给她的头一件重大任务就是试销一种新产品。她告诉班上的同学说:"试销结果出来时,我整个人都垮掉了。我犯了一个严重的计划性错误,整个试销不得不重新来过。更糟糕的是,开会前我没有时间和老板讨论这次试销了。我打算在开会时就这个项目做出汇报。"

"被叫去做汇报的时候,我吓得浑身发抖。我竭尽全力不让自己崩溃,决不哭泣,免得让那些男人们说女人过于情绪化,没能力做管理工作。我简短地做了汇报,然后说由于出现错误,我得在下次会议之前重做研究项目。我坐了下来,等着老板大发雷霆。"

"但老板并没有动怒,反而对我的工作表示感谢,说一个人在一个新项目上犯错是常有的事。他相信重新调查会得到准确无

《小王子呵护一朵玫瑰》┃法国┃圣埃克苏佩里

误的结果，对公司有重大意义。当着所有同事的面，他深信不疑地说对我有信心。我知道自己已经尽力而为，我的失败是因为缺乏经验，而不是我缺乏能力。我昂首挺胸地离开了会场，心中暗自下定决心再也不会让老板对我失望。"

即使我们正确无比，别人绝对有错在身，让别人丢脸，只会毁掉一个人的自尊。具有传奇色彩的法国飞行先驱和作家安托万·德·圣埃克苏佩里写道："我没有权利说或者做任何事情，去贬低一个人。重要的不是我如何看待他，而是他如何看待自己。伤害一个人的自尊就是犯罪。"

真正的领导总是会保全他人的尊严。

原则5　保全他人的尊严。

六、激励他人成功的秘诀

皮特·巴罗是我的一位老朋友。他举办大型演出，一辈子都带着马戏团和歌舞杂耍表演队到处旅行演出。我爱看皮特训练新来的狗。我注意到，一旦狗表现出一点点进步，皮特就会拍拍它以示表扬，然后给它一些肉，这么做是极其必要的。但他的做法并不新奇。几个世纪以来，驯兽员一直使用这样的技巧。

我奇怪的是，我们为什么不用驯狗的原理去改变人呢？为什么我们不用肉，而是用鞭子？为什么我们不用表扬，而是用斥责？纵然只有点滴进步，也要大加赞赏，这样才能鼓舞人们继续进步。

心理学家杰思·莱尔在他的书《我很一般——但我就是我》中写道："赞美就像温暖人们心灵的阳光，没有它，我们不能开花、无法成长。然而，我们中的大多数人太容易向他人吹去批评的寒风，却不知何故拒绝将赞美的温暖给予自己的朋友。"

回首往事，我意识到有那么几句称赞确实改变了我的人生。你也能说出生活中遇到的相同事例吗？历史上有许多惊人的事例，它们都体现了赞美的神奇魔力。

例如，许多年前，一个10岁的男孩在那不勒斯的一家工厂做工。他渴望成为一名歌手，但是启蒙老师的话却让他灰心丧气。"你不会唱歌，"他说，"你的嗓音根本不行，听起来就像风吹百叶窗的声音一样。"

他的母亲，一位贫苦的农妇，却拥抱着他，称赞说已经看到了他的进步，她相信他会唱歌。母亲不惜打赤脚好省下鞋钱给他交音乐课的费用。母亲的赞扬和鼓励改变了那个孩子的一生。他就是恩里科·卡鲁索，当代最伟大、最著名的歌剧演唱家。

19世纪早期，伦敦的一个年轻人立志要成为一名作家，生活却诸事不顺。他只上了4年学。父亲因无法偿还债务而被投入监狱后，他经常挨饿。终于，他在一个鼠满为患的货栈找到了一份在黑鞋油瓶子上贴标签的工作，晚上就和其他两个男孩——伦敦贫民窟的流浪儿——睡在阴暗的阁楼里。他对自己的写作能力是那么不自信，只有夜深人静的时候才偷偷溜出去，寄出自己的第一份手稿，以免被人嘲笑。他写的故事一个接一个地被退稿。最终，好事临门了，有一篇稿子被采用了。尽管他没有得到一个先令的稿费，但是一位编辑表扬了他，对他表示了赏识。他激动得任凭泪水从脸颊上滚落，在街道上漫无目的地走了一圈又一圈。

出版小说所带来的赞美和认可改变了他的一生，如果没有那份鼓励和赏识，他可能一辈子都要待在鼠患猖獗的工厂里干活了。你可能听说过那个男孩，他就是查尔斯·狄更斯。

还是在伦敦，另一个男孩在一家绸布店做售货员谋生。他必须5点钟起床，打扫商店，一天要拼命工作14个小时。这纯粹是份苦差事，他很不情愿做。两年后，他再也无法忍受了。一天早晨起床后，他连早饭也没吃就徒步走了15英里，去找做管家的母亲倾谈。

他痛苦万分，变得有些狂乱失控。他哭泣，恳求，对母亲赌咒发誓地说，如果再让他待在那个商店里，他就自杀。然后，他

狄更斯在梦中

又给老校长写了一封哀婉动人的长信，说他悲痛万分，不想再活下去了。老校长对他略加表扬，说他很聪明，适合做更细致的事情，后来还给他找了一份当老师的工作。

那句称赞改变了男孩的未来，并对英国文学史产生了持久的影响。那男孩接下去写了不计其数的畅销书，用他的笔赚得了100多万美元。可能你也听说过他：H.G.威尔斯。

运用赞美而不是批评，是B.F.斯金纳学说的基本概念。这位当代伟大的心理学家通过动物和人的实验证明，当批评降至最低限度而强调赞扬时，人们好的一面会得到强化，坏的一面则因缺乏关注而减弱。

北卡罗来纳州落基山市的约翰·林格尔斯波夫在和孩子们打交道时就使用了这一方法。如同许多家庭一样，爸爸妈妈与孩子们交流的主要方式似乎就是大吼大叫。同很多案例情况相同，每一次这样的聚会之后，孩子们不是变得更好，而是更糟——父母们也大抵如此。这一问题似乎无法得到解决。

林格尔斯波夫先生决定把在培训班学到的方法用于解决这一难题。他说："我们决定试一试表扬，而不是对他们的错误喋喋不休。当我们只注意他们的消极方面时，就很难发现值得我们表扬的事情。我们想方设法寻找亮点，头两天，他们身上一些非常恼人的行为没再出现。随后，其他方面的某些错误在逐渐消失。他们开始充分利用得到的表扬，甚至开始格外努力地展现自己好的一面。我们俩简直不敢相信发生的一切。当然了，不会永远都是这样，但是情况稳定之后所形成的规范却比以前好很多。我们也不再像以前那样吼叫了。孩子们的行为表现更恰当了。"所有这一切都源于对孩子每一点微小的进步都表示赞赏，不要对他们所犯的每个错误都提出批评。

这一点在工作中也同样有效。加州伍德兰希尔斯市的基思·罗珀把这一方法用于解决公司遇到的问题。他的印刷所接到印制一种高品质材料的活儿。负责这个岗位的印刷工是个新员工，一直难以适应这个岗位的工作。他的主管感到很心烦，觉得那个印刷工态度很消极，便认真地考虑要辞掉他。

罗珀先生得知这一情况后，亲自来到印刷所与那个年轻人交谈。他告诉年轻人说自己对刚拿到手的产品感到非常满意，他强调说那是印刷所制作的产品中最优秀的。他还准确地说明了产品如此精良的原因，他认为年轻人所作出的贡献对公司而言非常重要。

你认为这些话会影响年轻印刷工对公司所持的态度吗？几天时间里，他就有了天翻地覆的变化。他跟几个同事讲述了那次谈话，说公司的大人物如何欣赏他出色的工作。从那天起，他成了一名忠诚敬业的员工。

罗帕先生的所为可不仅仅是奉承年轻的印刷工，说些"你很棒"之类的话。他明确地指出他的工作如何出色。因为他指明了具体成绩，而不是空泛地奉承，他的赞扬对被称赞的人来说更加意味深长。大家都喜欢被称赞，但是明确具体的赞扬让人感觉很真诚——不是那种某些人为了哄你开心而说的奉承话。

记住，我们需要的是别人的赞赏和重视，我们会为此竭尽全力。但是，没人渴望虚伪的阿谀逢迎。

我想再重申一遍：本书所传授的方法只有在你真正应用之后才能奏效。我不是在兜售浅薄的技巧。我宣扬的是一种新的生活方式。

说说如何转变他人吧。如果我们能激励身边的人，让他们领悟到其实自己就是不可多得的人才，那我们所做的一切远不止是改变了他们，简直可以让他们焕然一新。

这说法夸张吗？那么，听一听威廉·詹姆士的大家之言吧，这位美国最著名的心理学家和哲学家说：

同我们应有的成就相比，我们还不够努力。我们不过是动用了自身人力脑力的一小部分。广义地说，每个人离他所能达到的极限还很远。我们拥有多种才能，但往往未能加以利用。

的确，各位读者也拥有多种才能却常常不加利用；而其中最有可能得不到充分利用的才智就是赞美他人，鼓励他们认识到自身的潜在价值。

批评使能力变得萎缩，鼓励让能力得到展现。要想成为一名强有力的领导者，我们应该运用下列法则：

原则6　关注哪怕最小的进步，对每一次进步都加以赞扬。要"衷心地赞许，慷慨地表扬"。

七、肯定和赞赏意义重大

一贯表现良好的工人，现在却生产出质量低劣的产品，这时候你会怎么办呢？你可以解雇他，但解决不了任何问题。你可以斥责他，又往往引发他的不满。

亨利·亨克是印第安纳州洛厄尔市一家大型卡车专卖行的服务部经理。有一名机修工的工作表现不那么尽如人意。亨克先生并没有训斥或威胁他，而是把他叫到办公室，和他进行了一次推心置腹的谈话。

"比尔，"他说，"你是一个优秀的机修工，在这一行已经工作多年了。你修理了很多汽车，顾客非常满意。实际上，我们收到了许多赞扬你工作表现的评价。然而，近来你花在工作上的时间不断增加，工作质量却达不到你以前的标准。你过去一直是一名非常优秀的机修工，我想你知道我对这种情况是不大满意的，或许在我们共同努力下能找到解决这个问题的方法。"

比尔回答说，他并未意识到自己的工作差强人意，他向老板保证，他的专业技能完全能处理目前的工作，以后他会尽力改进不足。

他说到做到了吗？他肯定可以做到。他又变成了那个费时不多、技艺精湛的机修工了。他不能辜负亨克先生给予他的良好评价，除了把工作做得像过去一样好之外，他还能怎么办呢？

时任鲍尔温机车厂总经理的塞缪尔·沃克兰恩说："一般说来，如果你尊敬某人，如果你表明这种尊敬源自他们出色的能力，那么他们会很乐意接受你的领导。"

简而言之，如果你想要一个人在某一方面有所改进，可以装作好像该特点就是他的显著特性之一。莎士比亚说："如果你没有长处，就假装你有吧。"不妨假定并公开声称他们具备了你所期望的优点。给予人们良好的评价，为与之相配，他们愿意付出惊人的努力，不会眼睁睁地看着你大失所望。

乔吉特·勒布朗[1]在她的回忆录《我和梅特林克的生活》一书中描述了一个卑微的比利时灰姑娘的惊人转变。

"附近酒店的一个女仆来给我送饭。"她写道，"大家都称她做'洗碗的玛丽'，因为她一工作就是当洗碗女仆。她很丑，斗鸡眼，罗圈腿，骨瘦如柴，谦卑顺从。"

"一天，当她用红肿的手给我端来一盘通心粉时，我直截了当地对她说：'玛丽，你没意识到自己拥有多么宝贵的才能。'"

"由于习惯于压抑自己的情绪，玛丽呆立了一会儿，小心翼翼的，生怕惹祸上身。然后，她把盘子放在桌上，叹了口气，直率地说：'夫人，要不是你说，我是绝不会相信的。'她没有怀疑，也不发问，仅仅是走回厨房时嘴里重复着我说的话，她的坚信不疑让人无法轻视。从那以后，我的话甚至让她开始了自我思考。但是，这其中最奇妙的变化却发生在卑微的玛丽自己身上。

1　乔吉特·勒布朗（Georgette Leblanc，1875-1941），法国鲁昂人，女高音歌唱家。

《莎士比亚像》｜索伊斯特

由于相信自己拥有潜能，她开始认真地爱护自己的面庞和体态，枯萎的青春仿佛舒展开来，适度地掩饰了她的平凡。”

“两个月后，她宣布要和大厨的侄子结婚了。‘我要做太太了，’她说，她向我表示感谢。我的那句话改变了她的整个人生。”

乔吉特·勒布朗给了“洗碗的玛丽”可与之相配的美好评价——彻底地改变了她。

比尔·帕克是一名销售代表，他的食品公司位于佛罗里达州代托那比奇地区。公司引进的新产品让他非常兴奋；可是一家大型独立食品中心的经理拒绝在他的商店里出售这种产品，比尔因此而心烦不已。比尔冥思苦想了一整天，决定在下班回家之前，到那家商店再试一试。

“杰克，”他说，“上午离开你们以后，我意识到我并没有把新产品的全部情况给你介绍清楚。如果你能抽出点时间，让我补充完整那些被遗漏的方面，我会万分感激。我很钦佩你乐于倾听的性格，当事实证明需要改变的时候，你的大度足以帮助你改变想法。”

杰克能拒绝给他一次陈述的机会吗？为了与得到的声誉相匹配，经理当然不会拒绝。

马丁·菲茨休是爱尔兰首府都柏林市的一名牙医。一天上午，一个病人说她用来漱口的金属杯架很不干净，他听了感到很吃惊。是的，病人用纸杯喝水，而不是用杯架喝水，可使用晦暗斑驳的设备的确显得不那么专业。

待病人走后，菲茨休医生回到他的私人办公室，给清洁女工布瑞吉特——她每周打扫医生的办公室两次——写了一张便条。

他写道：

　　亲爱的布瑞吉特，

　　我难得在办公室碰见你，我想我应该向你表示感谢，因为你的清洁工作一直做得非常好。顺便说一下，我注意到，既然每次两个小时，每周两次的清洁时间非常有限，如果你觉得需要"偶尔"做一些类似于擦亮杯架之类的活儿，请你在方便的时候额外再工作半小时吧。当然，我会为此支付额外的报酬。

　　"第二天，当我走进办公室的时候，"菲茨休医生说，"我的办公桌擦得镜子般明亮，椅子也是如此，我差点从上面滑下来。走进治疗室后，我看到了最闪亮洁净的镀络杯架安置在托架上。我给予清洁女工恰如其分的良好评价，就因为这点小小的表示，她的工作做得比过去更好。她为此做了多少额外的工作呢？完全用不着。"

　　有一句古话："一旦给人加个坏名声，他就永远洗刷不掉（意即谗言可畏）。"要是给他一个好名声呢？想想会怎么样吧！鲁斯·霍普金斯夫人是纽约布鲁克林区一名四年级老师。开学第一天，看着班级花名册，她的兴奋和喜悦夹杂着焦虑不安。今年，汤米·T，这个学校里最声名狼藉的"坏男孩"要进她的班了。他三年级时的老师曾经不断地向同事、校长以及任何愿听她诉苦的人抱怨汤米。他不仅仅是调皮捣蛋，还严重扰乱了班上的纪律。他挑衅男孩，戏弄女孩，对老师莽撞无礼，似乎他越大就越坏了。他唯一可取之处就是学得很快，能轻松地学会学校的功课。

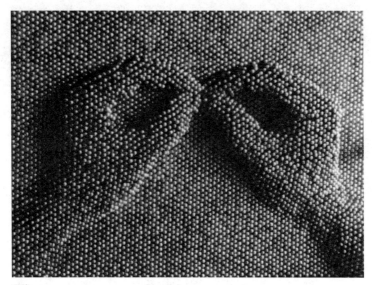

眼睛

霍普金斯夫人决定马上处理"汤米问题"。在向班上的新生们问好时，她对每个人都做了简短的评价："罗斯，你穿的裙子很漂亮。""艾丽西娅，我听说你很会画画。"当她来到汤米身边时，她直视着他的眼睛，说："汤米，我知道你是个天生的领导者。今年，我要依靠你的帮助使我们班成为四年级最棒的班。"头几天，她一直强调这一点，表扬汤米做的任何事情，并且评价说这证明他是一个好学生。得到了老师的肯定和赞赏，即使一个9岁的孩子也不愿辜负她的期望——他确实没有让她失望。

身为领导，如果你想在改变他人的态度和行为方面出类拔萃，就运用这一原则吧。

原则7　让人们无愧于自己的好名声。

八、用鼓励消除畏难情绪

我有一个年约四十的单身朋友订婚了。尽管开始学习舞蹈有些太迟了，未婚妻还是劝说他参加了舞蹈学习班。"我确实需要学习舞蹈。"他对我讲这件事的时候承认，"我跳得笨手笨脚，跟20年前第一次跳舞时一样糟。我聘请的第一个老师或许说的是大实话。她说我全跳错了，我应该从头开始学。她的话让我灰心丧气，失去了继续学习的动力。于是我辞掉了她。"

"第二个老师或许一直在撒谎，但我喜欢听。她平静地说我跳的舞步可能有点过时，但基本步子还是对的，她让我确信学习新的舞步不会很困难。第一个老师总是强调我的错误，让我失去信心。这个新老师跟她完全不一样。她不断表扬我做对的地方，尽量把失误的影响降到最小。'你天生节奏感很好，'她肯定地对我说，'你是个天生的舞者。'理智上我知道自己一直是，并且永远是一个蹩脚的舞者；然而，内心深处我仍然愿意相信她说的可能是真的。的确，我付钱给她让她说那样的话；但是，为什么要说穿呢？"

"不管怎么说，我知道，要不是她说我天生节奏感强，我肯定不会比原来跳得好。她的话鼓励了我，给了我希望，让我渴望进步。"

　　无论是对自己的孩子，伴侣，还是你的职员，如果你说他们某件事做得又蠢又笨，没有天资，全都做错了，等等诸如此类的话，那么你已经摧毁了他们想变得更好的渴望。然而，运用与之截然相反的技巧——充分鼓励，化难为易，相信他们的能力，相信他们会有发展——那么为了超越自我他会努力直至成功。

　　卓越的人际关系专家洛厄尔·托马斯就是运用这一技巧给予他人自信，以勇气和信赖激励对方的。

　　举个例子吧，有一次我和托马斯夫妇一起度周末，星期六晚上，我受邀坐在温暖的壁炉旁玩桥牌。桥牌？哦，不！不！不！我不行。我对桥牌一窍不通。桥牌对我来说就是永远解不开的谜，不！不！我玩不了！

　　"怎么了，戴尔，桥牌根本不需要什么技巧，"洛厄尔说，"只是记忆和判断而已。你写过有关记忆的文章。对你而言，桥牌不是什么难事。正合你的胃口啊。"

　　一转眼，我还没弄清楚自己在做什么，就已经破天荒地坐在桥牌桌前了，只是因为洛厄尔说我对桥牌有天赋，游戏经他一说似乎显得很简单。

　　说起桥牌，让我想起了伊利·卡伯特森，他撰写的桥牌书籍被翻译成12种语言，销量达100万册之多。然而，他却说，如果不是一位年轻女士让他相信自己有桥牌天赋，他绝不会把桥牌当成自己的职业。

1922年，他来到美国，努力想找一份教授哲学和社会学的工作，可是找不到。之后，他尝试销售煤炭，也失败了。他又尝试卖咖啡，还是失败了。

他会玩一点儿桥牌，但是努力工作维持生活的时候，他从没想过自己有一天会以教授桥牌为业。他不仅牌艺糟糕，而且顽固不化。玩牌时他会不停地提问题，事后还要事无巨细地全面分析，所以没人愿意跟他玩牌。

后来，他遇到了一位漂亮的桥牌老师约瑟芬·狄龙，与她相爱并结了婚。她发现卡伯特森总是认真分析自己拿到的牌，就认定他在桥牌方面很有天赋。靠着夫人的鼓励，卡伯特森开始了教授桥牌的职业生涯。

克拉伦斯·M.琼斯是我们在俄亥俄州辛辛那提课程班的老师，他认为鼓励并让错误显得容易纠正，这两者完全改变了他儿子的一生。

"1970年，我的儿子——15岁的大卫来到辛辛那提和我一起生活。他的命很苦。1958年，他的头在一次交通事故中被撞裂了，前额上留下了一条可怕的疤痕。1960年，我和他妈妈离婚了，他跟着妈妈搬到了德克萨斯的达拉斯。15岁之前，大部分时间他都在达拉斯教育系统为学习迟钝者开办的特殊班级上课。可能是由于那条疤痕，学校领导认为他大脑有损伤，不能像正常人一样学习。由于比同龄人落后两年，他只能上七年级。他不知道乘法表，只能用手指来做加法，而且几乎不能阅读。

"但有一点值得肯定，他喜欢摆弄收音机和电视机。他想成为一名电视技术员。对此我非常支持，并鼓励他说只有学好数学，以后才能成为合格的技术员。我决定帮助他把数学学好。我们找到了四套学习卡片：乘、除、加、减。学完卡片后，我们就把答案正确的放到不用再重做的那一堆。大卫做错一次，我就告诉他正确答案，然后把卡片放到要重做的那一堆，直到没有卡片剩下。我费了好大的劲让他把每一张卡片都做对，特别是他之前就做错了的那些。每天晚上我们都要做完那堆需要重做的卡片，直到一张不剩。

"每晚我们都用一个计时器来控制练习的时间。我答应他，如果他能在8分钟之内准确无误地做对那些卡片，我们就不必每天晚上都做了。这个目标对大卫来说似乎是不可能实现的。第一天晚上我们花了52分钟，第二天晚上48分钟，接着每晚都在递减，45、44、41，然后是不到40分钟了。每一次时间缩短我们都会庆祝一下。我会叫来妻子，我们俩都拥抱他，一起跳吉格舞。到当月月底，他已经能在不到8分钟的时间里准确地做好全部卡片了。每有一点进步，他就会要求再做一次。他惊奇地发现学习是件既简单又有趣的事情。

"自然而然，他的代数成绩也有了跳跃性的进步。学会了乘法，你就会惊喜地发现代数也变得简单多了。他自己也十分惊讶，竟然能带回家来一张得了B的数学成绩单。那是前所未有的事情。其他改变也以令人难以置信的速度发生了。他的阅读能力迅速提高，在绘画方面开始展现出天赋。那一学年的后期，科学老师分配给他一个任务，让他做一次展示。他选择用一系列极其复玛丽·雪莱是英国 19 世纪著名小说家，著有文学史上第一部科幻小说《弗兰肯斯坦》（或译《科学怪人》），被誉为科幻小说之母。她是英国著名诗人雪莱的第二任妻子。

玛丽·雪莱像

杂的模型来展示杠杆作用。这不仅需要绘画和制作模型的技能，而且还要有应用数学的能力。那次展览在学校的科学博览会上获得了一等奖，被选去参加市级竞赛，又获得了全市三等奖。

"事情就是这样。这就是那个两学期都考试不及格的孩子，一个被认定'大脑损伤'的孩子，一个被同学们戏称为'怪物弗兰肯斯坦'的孩子，那个大家都说他脑袋空空的孩子。突然之间，他发现自己其实有学习能力，能完成学习任务。结果怎么样？从八年级最后的半个学期直到高中，他一直名列优等生名册；高中时，他入选全国优等生联合会。一旦发现学习不是件难事，他的生活出现了翻天覆地的变化。"

如果你想帮助他人进步，记住要鼓励他们。

原则8　要鼓励，鼓励他人化难为易。

九、让人们乐意而为

1915年，美国社会处于惊恐不安之中。因为一年多以来，欧洲各国一直在相互残杀，其规模之大，在整个血腥的人类历史上闻所未闻。还能实现和平吗？没有人知道。可是伍德罗·威尔逊决心试一试。他要派一位私人代表、一位和平使者，去和欧洲的军阀们磋商。

当时的国务卿是威廉·詹宁斯·布赖恩，布赖恩是一位和平事业倡导者，希望自己能成行。他看到了一个完成伟大使命、名垂青史的机会。然而，威尔逊指定了另一个人——他的密友和顾问爱德华·M.豪斯上校，对豪斯来说，既要把这个消息告诉布赖恩还得不招致他的反感，的确很棘手。

"当布赖恩听到我要作为和平使者去欧洲的时候，他显然十分失望。"豪斯上校在日记中写道，"他说自己已经计划好了要亲自去……"

"我回答说，总统认为，派任何人代表官方去做这件事都是不明智的，要是去了就会引起更多的注意，人们会奇怪，他怎么来了……"

你注意到他的暗示了吗？豪斯实际上是在告诉布赖恩，他太重要了而不适合这份工作——对此，布赖恩当然感到满意。

威尔逊总统（右）与英、法总理在一起

精明的豪斯上校在为人处事方面上极有经验，他使用的是人际关系的一个重要原则：在任何时候都要让人们心甘情愿地按你的建议去做。

伍德罗·威尔逊在邀请威廉·吉布斯·麦卡杜参加他的内阁时，也运用了这一原则。他可以把这一最高荣誉授予任何人，但威尔逊发出邀请的方式让麦卡杜感觉自己异常重要。以下是麦卡杜的原话："他（威尔逊）说自己正在组阁，如果我愿意在内阁担任财政部长，他将非常高兴。他把事情说得令人十分愉快，他让我觉得如果我接受这一荣誉就是帮了他一个大忙。"

不幸的是，威尔逊并不总是采用这种手法。如果他始终坚持使用这一原则的话，历史可能会是另一种结果了。例如，威尔逊让美国加入国际联盟这件事就让参议院和共和党非常恼怒。威尔逊拒绝让著名的共和党领袖伊莱休·鲁特、查尔斯·埃文斯·休斯和亨利·卡伯特·洛奇同他一起参加世界和平大会。相反，他带的是自己所在的民主党党内的一个无名小卒。他冷落怠慢共和党人，拒绝让他们分享加入国际联盟的主张，不希望共和党染指该计划。待人处事的不成熟，使他的事业滑坡，健康恶化，寿命缩短；由于待人处事的肤浅，使得美国被孤立于国际联盟之外，改变了世界历史。

并非只有政治家和外交家在政治生活中才使用"让人心甘情愿照你说的去做"这一原则。戴尔·O.费里尔来自印第安纳州韦恩堡，他讲述的是自己如何鼓励小孩子自愿地完成分给他的家务活。

"杰夫要做的家务事之一是捡落在树下的梨子，这样在树下割草的人就不用再停下来捡梨子了。他不喜欢做这样的事，经常是要么一点也不做，要么就做得漫不经心，割草的人得时常停下来捡起他漏掉的梨子。我没有当面和他对质，而是对他说：'杰夫，我们做笔交易吧。你每捡满一篮子梨，我就给你1美元。但是，在你捡完之后，我每发现一个被遗漏的梨子，就拿走1美元。怎么样？'你们能猜到的，他不仅把所有的梨子都捡了起来，我还得密切注意他有没有从梨树上摘下梨子来装满篮子。'"

我认识一位先生，他不得不拒绝许多演讲邀请，有的出自朋友，也有的来自同事或客户；然而，他做得非常巧妙，以至于别人对他的拒绝并不感到很反感。他是怎么做到的呢？他不是简单地陈述自己太忙，忙于这个，忙于那个。他不仅仅这么说，在表达完对邀请的感激以及他不能接受邀请的遗憾后，他总会为对方提出一位候选人。换句话说，他没让别人有时间对遭到拒绝感到不快。他立即让对方的思想转向可能会接受邀请的那个人身上。

甘特·施密特是我们在西德举办的课程班的学员。他讲的案例是在他经营的食品店里一位店员的故事。那位店员总是粗心大意，不能把价格标签正确地贴在摆放商品的货架上，因此引起了混乱，导致了顾客们的投诉。对她进行提醒、警告、现身说法，都没有多大效果。最终，施密特先生把她叫到办公室，宣布她被任命为主管，负责粘贴全店的价格标签，并保证准确无误。新的责任和头衔让她的态度来了个180度大转变，从此，她尽职尽责，工作表现令人满意。

这很幼稚？可能吧。当年，拿破仑设立"荣誉勋位"，向他的士兵颁发了15000枚十字徽章，任命了18名将军为"法国元帅"，并称自己的军队为"大军"。当时人们也说拿破仑幼稚，指责他给那些身经百战的老兵们颁发"玩具"，拿破仑却回答说："只有玩具能左右人的心思。"

给予头衔和职位的办法，拿破仑用了有效，你使用的话也一样有效。我的朋友，欧内斯特·金特夫人住在纽约市北郊的斯卡斯代尔镇，她常常因为孩子们在草地上乱跑毁坏了草坪而烦恼不已。对孩子们她是软硬兼施却一点也不管用。后来，她试着给那帮坏孩子的头儿一个头衔，让他体会有职有权的感受。她任命孩子头儿为她的"私人侦探"，让他负责驱赶所有不请自来的闯入者远离她家的草坪。这项任命一下子解决了她的麻烦。她的"私人侦探"在场院生了一堆火，把一块铁烧得通红，恐吓说任何践踏草地的孩子都会被烙上一个烙印。

在有必要改变他人的行为表现时，务实的领导者应该牢记以下指导方针：

1、要真诚。不要承诺任何你无法做到的事情。专注于对方的利益。

2、明确自己对对方的期望和要求。

3、设身处地，将心比心。问问自己，对方真正需要的是什么。

4、考虑到对方的利益所得：达成你的要求后他们的收获如何。

5、将所获利益同对方的需求相结合。

6、注意提出要求时的表达方式，要使对方觉得自己也会从中受益。

我们可以言简意赅地下达命令："约翰，明天会有客人来访，仓库要整洁干净。所以你要清扫仓库，将库存货物整齐地堆放在货架上，柜台也要擦得干净铮亮。"或者我们可以换个方式表达同样的要求，让约翰知道完成这项工作会给他带来什么好处："约翰，有份工作，需要马上完成。如果现在完成，那么以后我们就不会再面对同样的问题了。明天我要带一些客人来参观我们的设施，让他们看看仓库，但是仓库比较脏乱。如果你能把仓库打扫干净，将库存货物整齐地堆放在货架上，再擦净柜台的话，整洁有序的仓库会显得我们公司工作效率高，你也为公司形象的树立贡献了一份力量。"

约翰会很乐意地去做你所布置的工作吗？可能不是很高兴，但绝对比你没有指明有何益处前要乐意得多。假如你知道约翰很为他管理的库房面貌骄傲，并且他也乐意为提升公司形象做贡献，那么他会更加配合你的工作。你还可以向约翰说明，那份工作无论如何都要完成，如果马上就去做的话，以后他就不用再做了。

如果你认为只要运用这些方法，就总是能得到对方赞许的回应，那就太天真了，但是大多数人的经历表明，使用这样的方法比不用能更有效地改变态度——即使你的成功只增加了10%，作为领导，你的效率就比以前提高了10%——这就是你的收获。

如果你能运用以下原则，人们可能会更愿意达成你提出的要求。

原则9　让人们心甘情愿地去做你所要求的事情。